月 日
80点 /100
答え101ページ

❶ かん字の 読みがなを 書きましょう。 24てん(1つ3)

① 月よう日の あさ。（よう）

② 王さまに あう。（　）

③ チョウを 見つける。（　）

④ きれいな 夕日。（　）

⑤ 手を 上げる。（　）

⑥ 学校に いく。（　）

⑦ 早おきを する。（　）

⑧ 音が きこえる。（　）

❷ □には を、〔 〕には はかん字と ひらがなを 書きましょう。 24てん(1つ4)

① □（あめ）が ふる。

② □（もり）を あるく。

③ 〔 〕（ちいさい）ね。

④ □（はな）□（び）を 見る。

⑤ □（せん）□（せい）に きく。

⑥ 〔 〕（あかい）空。

③ かん字の読みがなを書きましょう。24てん(3てん1つ)

① 左に（　）まがる。

② 青空が（　）ひろがる。

③ 竹馬で（　）あるく。

④ 八人で（　）かけっこ。

⑤ 入口の（　）子ども（　）へ。

⑥ いすの（　）右に（　）立つ。

⑦ 男の子が（　）百円玉で（　）あそぶ。

⑧ （　）

④ □にかん字を、〔　〕にひらがなを書きましょう。28てん(4てん1つ)

① ほへ（　）もち。〔はいろ〕

② あなに（　）〔はいろ〕

③ □ひきの（き）犬。

④ 千□（せん）円さつを出す。

⑤ □の子が（おな）はしる。

⑥ いすで（　）〔やすむ〕

⑦ □□（こ・ほん）の木。

きほんドリル くもん

かん字のれんしゅう （1）

✍ 書いて おぼえよう

⬛教19ページ
読 よむ
14画
読そう・読む 本を読む 読書 点読

⬛教21ページ
雪 ゆき・セツ
つき出ない
11画
雪がふる 新雪 あき雪？

⬛教22・40ページ
声 こえ・セイ
はらう
7画
声を出す 音声 大声

⬛教22ページ
言 いう・ゲン・ゴン
とめる
7画
言語 伝言 けんを言う ひとり言

—の 読みは、この ページでは ならいません。

👓 読んで おぼえよう

●…読み方が 新しい かん字

教19ページ
音 オン・おと

❶ 読みがなを 書きましょう。
30てん(1つ6)

① おはなしを 読む。
（　　　）

② 音読 する。
（　　　）

③ 雪が ふる。
（　　　）

④ 声が する。
（　　　）

⑤ ねこどを 言う。
（　　　）

↓ この本のページに つづくよ→

3

❷ あてはまる かん字を 書きましょう。

① おはなしの □ を みんなで よむ。

② □ を 書くのが すきだ。

③ たのしい おんがくを □ できく。

④ にもつは こびきには しっ □ する。

⑤ まっ白な □ が 山に つもる。

⑥ 大きな □ を 出す。

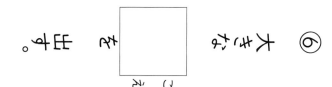
⑦の「い」の かん字は、きもちの ことばで おぼえると いいよ。

⑦ げん気よく 名まえを □。

ふきのとう (2) 図書館たんけん (1)

時間 15分　ごうかく80点　/100

答え 101ページ　　月　日

✏ 書いて おぼえよう！

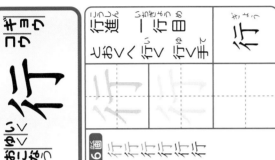

□ 教23・52・下84ページ
コウ ギョウ
行
おこなう いく
行進　一行目　行手　とおく行く　行く手
行
6画　行行行行行行

□ 教25ページ
ナン（はねる）
南
みなみ
南北　南を むく
南
9画　南南南南南南南南南

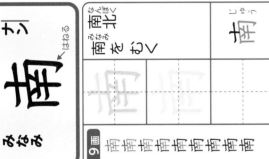

□ 教33・139ページ
ズ ト
図
図書室　図書館　図を見る　くにがまえ
図
7画　図図図図図図図

□ 教33・34ページ
ショ（つき出す）
書
かく
字を書く　書名
書
10画　書書書書書書書書書書

―の 読みせいの ページは ならいません。

👀 読んで おぼえよう！

●…読み方が 新しい かん字

教33ページ　虫　チュウ／むし

1 読みがなを 書きましょう。
30てん(1つ6)

（　　　　　）
① とおくへ 行く。

（　　　　　）
② 南を むく。

（　　　　　）
③ 南からの かぜ。

（　　　　　）
④ 図書館に むかう。

（　　　　　）
⑤ こん虫の 本。

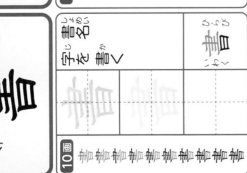

↓つぎの ページに つづくよ！

教科書 上19〜35ページ

2 ⑤・⑥は、それぞれ一～十画の「目」を「目」のようにていねいに書きましょう。

⑦ 〔　〕に じてんしゃを とめておく。
（ちゅう）

⑥ 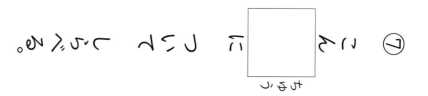〔　〕がかりに なる。
（と し ょ）

⑤ 〔　〕館で 本を かりる。
（と し ょ）

④ わたりどりが 〔　〕のほうに とんで いく。
（みなみ）

③ 〔　〕から あたらしい かばんを かう。
（みなみ）

② かぞえて テープを 〔　〕つけて のせる。
（い）

① 学校に 〔　〕く。
（い）

2 あてはまる かん字を 書きましょう。

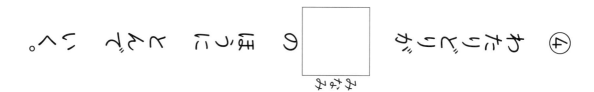

⑤・⑥の□の中を「し」かな「じ」かな。

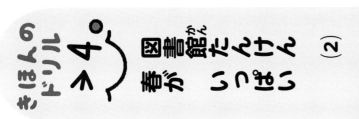

図書館たんけん (2)
春が いっぱい

書いて おぼえよう!

□□ 教34・60ページ

ホウ
方
かた
はねる
4画 方 方 方 方

方ほうがく
後うしろの
作つくり方かた
読み方ほう
方ほう

□□ 教34ページ

カイ
エ
絵
とめる
12画 絵 絵 絵 絵 絵 絵 絵 絵 絵 絵 絵 絵

絵かいが
絵本ほんを
読よむ
画が
絵えを
絵くん

□□ 教35ページ

チ
知
しる
はらう
8画 知 知 知 知 知 知 知 知

知人じん
はじめて
知しる
知しり力く
知しん

□□ 教36ページ

シュン
春
はる
はらう
9画 春 春 春 春 春 春 春 春 春

春はるに
なる
新しん春しゅん
春ひ

——の 読みは、この ページでは ならいません

読んで おぼえよう!

●…読み方が 新しい かん字 —…おくりがな

□□ 教34ページ
書 ショ
かく

□□ 教36ページ
生 セイ
はえる・いきる・い
いける・うまれる・う
はやす まれる・うむ

1 読みがなを 書きましょう。
30てん(1つ6)

① ( ) およぎ 方 を ならう。

② ( ) 絵 を 見る。

③ ( ) 先生に 知 らせる。

④ ( ) 春 が くる。

⑤ ( ) はが 生 える。

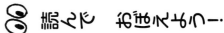

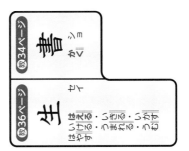

→うらの ページに つづくよ!

2 あてはまる かん字を かきましょう。

① ノートに きれいな □字を かく。

② 雨の ふり□が はげしい。

③ こうてつの はつめいの □を かく。

④ てつだいで □を 見る。

 ③・④の「え」は、べつの かん字を つかうよ。きを つけてね。

⑤ □ないで ちいに じかんが かかった。

⑥ □はれで こうていに 出かける。

⑦ にわに □が ふえる。

8

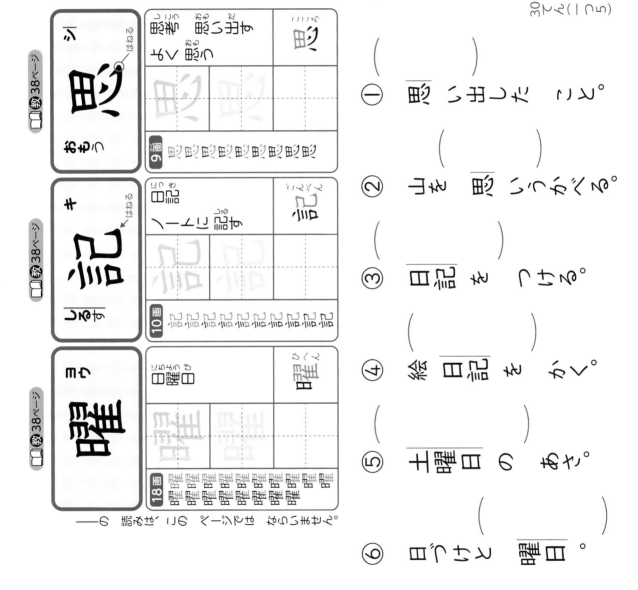

きほんのドリル 5 日記を 書こう (1)

✏ 書いて おぼえよう!

教38ページ	思 おもう シ	考え 思い出す・思い思い思考	思い出
教38ページ	記 しるす キ	日記 ノートに記す	日記
教38ページ	曜 ヨウ	日曜日 曜日	曜日

思 はねる 9画
記 はねる 10画
曜 18画

――の 読みがなは このページでは ならいません。

❶ 読みがなを 書きましょう。
30てん(1つ5)

① 思い出した こと。（　）

② 山を 思いうかべる。（　）

③ 日記を つける。（　）

④ 絵日記を かく。（　）

⑤ 土曜日の あさ。（　）

⑥ 日づけと 曜日。（　）

正しく おぼえようね。

⑥・⑦の「しん」は、画数がおおい字です。ていねいに書きましょう。

2 あてはまる かん字を 書きましょう。 70てん(一つ10)

① 先生に ほめられて うれしく □[おも]う。

② いい □[おも]い出を 作文に 書く。

③ いもうとに □[おし]えて あげて いただいた。

④ きょうの ごはんを □□[にっき]に つける。

⑤ テストに 名まえを □[きにゅう]する。

⑥ きょうに □□□[きんじょ]に プールで およいだ。

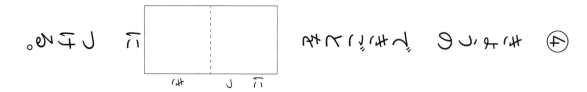

⑦ きょうは なん□[よう]びですか。

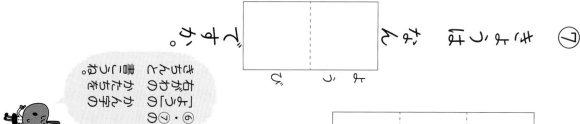

⑥・⑦の「しん」は かたちの にた かん字を まちがえないように 書こう。

日記を 書こう
ともだちは どこかな (2)

時間 15分　ごうかく80点　／100　答え 101ページ

サクッと こたえ あわせ

月　日

✏ 書いて おぼえよう！

数39ページ

肉 ニク

6画　肉 肉 肉 肉 肉 肉

肉を 食べる　ひき肉　肉体　肉

数40・89ページ

話 ワ／はなす・はなし　左下へはらう

13画　話 話 話 話 話 話 話 話 話

会話　お話　考えを 話す　話を 話す　会話

数40・下52ページ

聞 ブン／きく・きこえる

14画　聞 聞 聞 聞 聞 聞 聞 聞 聞 聞

新聞　話を 聞く　音が 聞こえる　聞

──の 読みは この ページでは ならいません。

👀 読んで おぼえよう！

●…読み方が 新しい かん字

数40ページ　**声** セイ／こえ

教科書 ⬆38～43ページ

❶ 読みがなを 書きましょう。
30てん（1つ5）

① （　　）音声 を 聞く。

② （　　）ひき肉 を かう。

③ （　　）肉 を たべる。

④ （　　）しずかに 話す。

⑤ （　　）話しあい を する。

⑥ （　　）話し声 を 聞く。

どれだかな？

➡ つぎの ページに すすもう！

② あてはまる かん字を 書きましょう。　70てん(10×7)

⑦ なみの 音が  きこえる。

⑥ ともだちの はなし 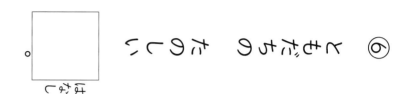。

⑤ 学きゅうかいで はな し 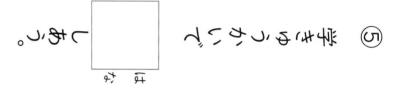 あう。

④ じぶんの ゆめを はな す 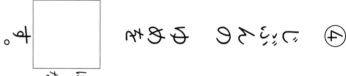。

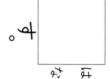

③ カレーライスに に く 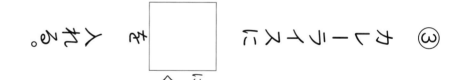 を 入れる。

② に 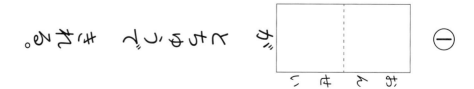 を ハンドルで かく。

① お と が ひくくて きこえる。

（ふきだし）
①「かっ」と よむ かん字は、
「おと」か、
「かおり」の いみの
あつめた 音の
「香」が
ある かな。

たんぽぽの ちえ (1)

サクッと こたえ あわせ

時間 15分
ごうかく80点
/100
答え 101ページ

月 日

✏ 書いて おぼえよう・

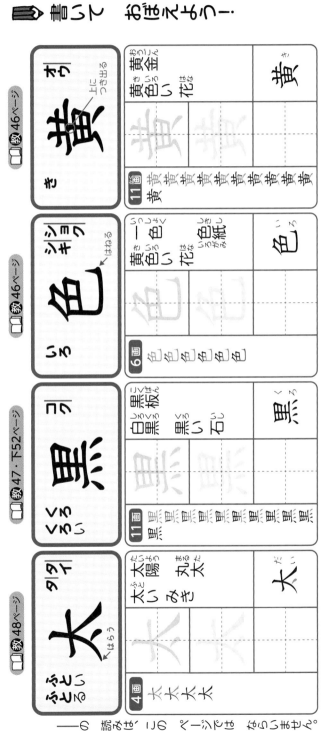

	カ(ウ) 黄 き
□教46ページ	黄金 黄色い 黄い花
	11画 黄黄黄黄黄黄黄黄黄黄黄

	ショク シキ 色 いろ
□教46ページ	色紙 色い花 一色 黄色い
	6画 色色色色色色

	コク 黒 くろ くろい
□教47・下52ページ	黒い石 黒い 黒板 白黒
	11画 黒黒黒黒黒黒黒黒黒黒黒

	タイ タ 太 ふとい ふとる
□教48ページ	太い 太陽 丸太
	4画 太太太太

──の 読みは、この ページでは ならいません。

❶ 読みがなを 書きましょう。

30てん(1つ5)

① （　　　）黄みどりの はっぱ。

② （　　　）色えんぴつを つかう。

③ （　　　）黄色に ぬる。

④ （　　　）黒の 絵のぐ。

⑤ （　　　）たねを 太らせる。

⑥ （　　　）太い 木の みき。

↓うらの ページに つづくよ！

13

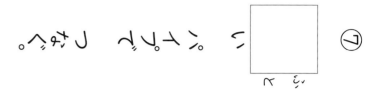

❷ あてはまる かんじを 書きましょう。 ぜんぶ（一つ10）

① たんぽぽが ひまわりの まわりで □□□ い 花。

② おなじ □□ の ハンカチを かう。

③ たまごを □ と 白みに わける。

④ □□□ の にじが 空に かかる。

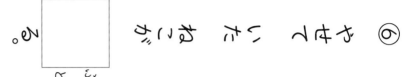

⑤ □□ 犬が ほえる。

⑥ やせて いた いぬが □□ る。

⑦ □□ い ぶどう。

70てん（10×7）

⏱時間 15分

ごうかく80点
/100

サクッと
こたえ
あわせ

答え 101ページ

月 日

✏️ 書いて おぼえよう！

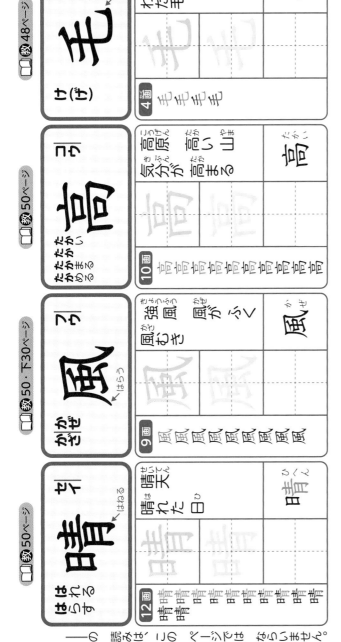

□教48ページ

モウ
↗はねる
毛
け(げ)
4画 毛毛毛毛

わ羽毛う
わた毛げ
毛け

□教50ページ

コウ
高
たかい
たか
たかまる
たかめる
10画 高高高高高高高高高高

高原こうげん
気分が高まる
高い山やま
高たかい

□教50・下30ページ

フウ
風
かぜ
かざ
はらう
9画 風風風風風風風風風

強つよい風
風かぜが強つよむき
風がふく
風かぜ

□教50ページ

セイ
晴
はれる
はらす
12画 晴晴晴晴晴晴晴晴晴晴晴

晴は天てん
晴れた日ひ
晴せい天てん
晴ひくん

――の 読みは、このページでは ならいません。

1 読みがなを 書きましょう。
30てん(1つ5)

① わた 毛 を とばす。
（　　　）

② かみの 毛。
（　　　）

③ ねだんが 高 い。
（　　　）

④ 気もちが 高 まる。
（　　　）

⑤ 風 が つよい。
（　　　）

⑥ 晴 れた 空。
（　　　）

② ①・② 「は」のかん字は、じつは「木」に かんけいが あります。

② あてはまる かん字を 書きましょう。　1つ5[50]

① たんぼの た□(け) が たくさん とれて ゆたかに なる と よぶ。

② で□□(けいと) セーターを あむ。

③ □(た)い 山に のぼる。

④ □(た)い 声で いった。

⑤ 山から □(かぜ) が ふいて 気もち よい。

⑥ つめたい □(かん) に ひえる。

⑤・⑥の「か」の かん字は、二画目の はらいに ちゅうい。

⑦ 空が すっかり □(は)れる。

16

きほんの
ドリル

たんぽぽの ちえ
かんさつ名人に なろう (3)(1)

時間 15分
ごうかく80点
/100

答え 101ページ

月　日

✏️ 書いて おぼえよう！

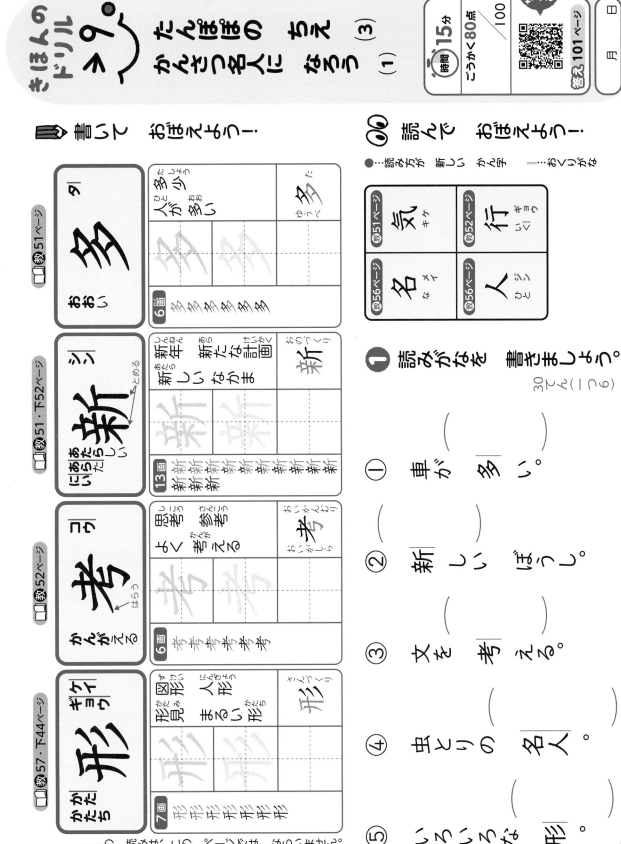

🔲教51ページ

多

お
おい

タ

人が多い
多少
多い
ゆうべ

6画 多多多多多多

🔲教51・下52ページ

新

あたらしい
にいあらた

シン

新年
新しい
な かま
計画
新ため

とめる

13画 新新新新新新新新新新

🔲教52ページ

考

かんがえる

コウ

思考
考える
参考

おかんむり
おもう

はらう

6画 考考考考考考

🔲教57・下44ページ

形

かたち

ギョウ
ケイ

形見
形まる
人形
図形

やまいだれ

7画 形形形形形形形

──の 読みは、この ページでは ならいません。

👀 読んで おぼえよう！

●…読み方が 新しい かん字　━━…おくりがな

数51ページ 気 キ ケ

数52ページ 行 ギョウ コウ

数56ページ 名 な メイ

数56ページ 人 ジン ひと

1 読みがなを 書きましょう。
30てん(1つ6)

① 車が 多い。
（　　　）

② 新しい ぼうし。
（　　　）

③ 文を 考える。
（　　　）

④ 虫とりの 名人。
（　　　）

⑤ いろいろな 形。
（　　　）

↓うらの ページに つづくよ！

17

2 あてはまる かん字を 書きましょう。 70てん(一つ10)

① し□け の ある タオル。
（け）

② にいさんは しゅくだいの 日が □□い。
（お）（お）

③ あたら□しい ノートに 書く。
（あたら）

④ あさ□に よて へんに かえる。
（かんが・え）

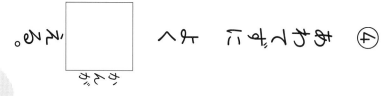

⑤ □□□ 目から 読みはじめる。
（こう・き・しん）

⑥ わたしは おかしの □□□ だ。
（いち・ぶ・ん）

⑦ かみを まるい □□ に する。
（かたち）

②の 「ねつ」の はんたいは
「ひくい」です。

18

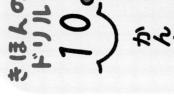

✏️ 書いて おぼえよう！

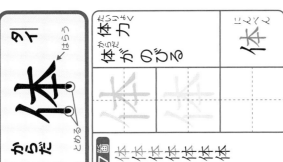

教58・139ページ

からだ　体

体

引　イ　→はらう　とめる

にんべん　体

体から 力が でる　体長（たいちょう）
体力（たいりょく）

7画　体 体 体 体 体

教58・99ページ

ながい　長

長

チョウ　→はらう

なが　長い

時間（じかん）を はかる　長さを はかる　長が 長（ちょう）

8画　長 長 長 長 長 長 長

教60ページ

ちかい　近

近

キン　→はらう

しんにゅう　近

家（いえ）が 近い　近所（きんじょ）

7画　近 近 近 近 近 近

教60ページ

おなじ　同

同

ドウ　→はねる

同時（どうじ）　同じ におい　同じ 同（どう）

6画　同 同 同 同 同 同

――の 読みは、この ページでは ならいません。

👀 読んで おぼえよう！

●…読み方が 新しい かん字

教60ページ

方　ホウ　かた

❶ 読みがなを 書きましょう。

30てん（1つ6）

① 体（　　　）を のばす。

② 長（　　　）さを はかる。

③ 右の 方（　　　）を むく。

④ かおを 近（　　　）づける。

⑤ 大きさが 同（　　　）じだ。

↓うらの ページに つづくよ。

19

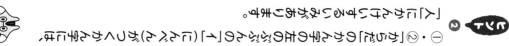

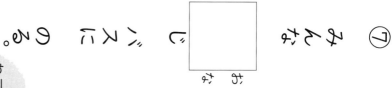

①・②「力(ちから)」の上につくものの数に気をつけて、「↑」(おとこ)をひくようにしましょう。

❷ あてはまる かん字を 書きましょう。 70てん(１０×７)

① □(からだ) を のばす たいそう を する。

② たへんな □(たから) を たいせつに 大きな たてものに する。

③ いえの □(なが) は しがいに 三に ながれる。

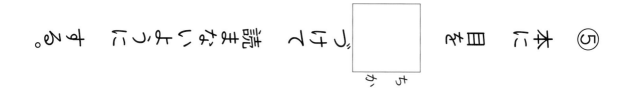

④ かい は いの □(ほし) を かぞえる。

⑤ 本に 目を □(ちか)づけて 読まない ようにします。

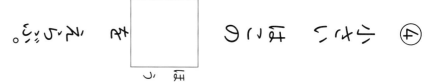

⑥ いえの □(ちか)へ 木なが ある。

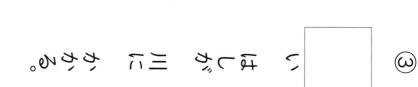

⑦ みな □(お)し バス に ジス の る。

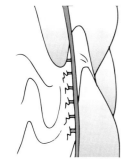

⑦の「おなじ」の字は、三画目の「一(よこ)」をわすれないように。

ぶきのいみ〜
かんじつ名人に なろう

時間 20分　ごうかく80点　／100　答え101ページ　月　日

1 かん字の 読みがなを 書きましょう。

50てん(1つ5)

① 日曜日に やき肉を たべた。（　）（　）

② きのうからの 雨が やみ、すっかり 晴れた。（　）

③ くさの めが 生えて くる。（　）

④ 雪が とけて あたたかく なる。（　）

⑤ 高い ところから 町を 見わたす。（　）

⑥ 形の よい すいかを えらんで かう。（　）

⑦ 音がくの じゅぎょうが たのしみだ。（　）

⑧ 日かげの 方の じめんは しめり気が ある。（　）（　）

2 ひらがなで　書きましょう。□には　かん字を　書きましょう。〔　〕に　あてはまる　おくりがなを　書きましょう。

50てん(1つ5)

① 手がみを　なんども〔　よ　〕かえす。

② いえから〔　ち　〕ちかい　コンビニへ　いって、あそぶ。

③ あたらしい〔　あたらし　〕くつを　かう。

④ 糸〔　ふう　〕□(け)で　セーターを　あむ。

⑤ □(は・る)の　七草を　入れた　おかゆ。

⑥ □(みな)の　空の　ほしを　見る。

⑦ □(から・だ)して、こんどこそ　しっぱいに　しよう。

⑧ 三川の　□(なが)が〔　おじ　〕に　なる。

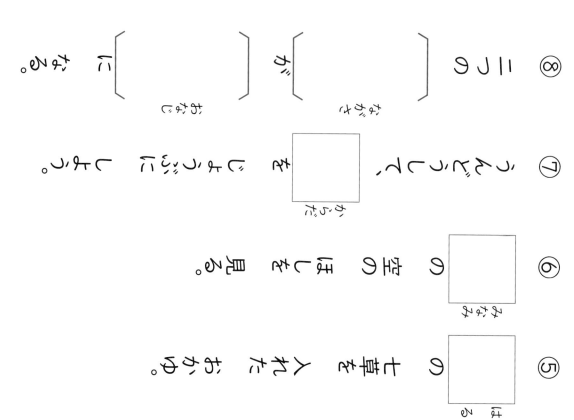
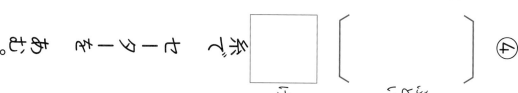

22

同じ ぶぶんを もつ かん字 (1)

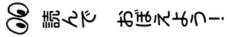
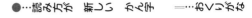

✎ 書いて おぼえよう!

教66・下30ページ

コン
今 はらう
いま
4画 今今今

今週 今
今から 行く
ひとね 今

教66・116ページ

カイ
会 はらう
あう
6画 会会会会会会

朝の 会
人と 朝の 会
出会う
ひとね 会

教66ページ

シャ
社 ながく
やしろ
7画 社社社社社

会社
村の 会社の 社
しゃくん 社

教66ページ

トウ
刀 出ない
かたな
2画 刀刀

小刀
小な刀で 切る
かたな 刀

―の 読みは、この ページには ならいません。

👀 読んで おぼえよう!

●…読み方が 新しい かん字　＝…おくりがな

教66ページ
小
ちい(さい)・こ

1 読みがなを 書きましょう。
30てん(1つ6)

① 今から 出かける。
（　　　）

② えんそう会に 出る。
（　　　）

③ 大きな 会社。
（　　　）

④ 小刀で けずる。
（　　　）

⑤ ふるい 刀。
（　　　）

↓うらの ページに つづくよ!

② あてはまる かん字を 書きましょう。 50てん(1つ10)

① 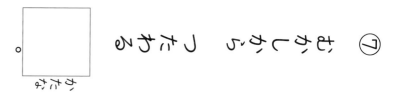 まで、いなかを 歩って 出ます。

② わたしは、学校に □く。

③ □から、いけばなを ならう。

④ おんがくは、 で したしむ。

⑤ たいよう  日しょくを みる。 へらす。

⑥ 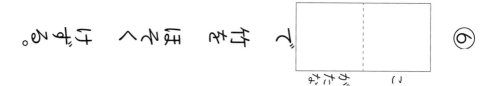 で、竹を たくさん ける。

⑦ 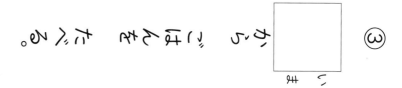 は むかしから つたわる。

（ふきだし）
①・②・③の かん字は
「に」の なかまだよ。
④・⑤の かん字は
「いち」の なかまだよ。

24

時間 15分
ごうかく80点
／100
答え 102ページ

サクッと
こたえ
あわせ

月 日

✎ 書いて おぼえよう・

◯◯ 読んで おぼえよう・

●…読み方が 新しい かん字

教66ページ
町 チョウ
まち

① 読みがなを 書きましょう。
30てん(1つ6)

① ひもを 切る。
（　　　　　）

② きずが 切れる。
（　　　　　）

③ 町内の あつまり。
（　　　　　）

④ 大きな 店。
（　　　　　）

⑤ 姉と あそぶ。
（　　　　　）

教66・125ページ
切 セツ
はねる
きれる
4画 切切切切
大切
かみを 切る
切る
切な

教66・下45ページ
内 ナイ
つき出る
うち
4画 内内内内
内ち
町内
内がわ
内る

教66・99ページ
店 テン
みせ
はらう
8画 店店店店店店
大きな 店
お店
店先
店だれ

教66ページ
姉
とめる
あね
8画 姉姉姉姉姉姉姉
上の 姉
姉と 妹
姉くん

── の 読みは、 この ページでは ならいません。

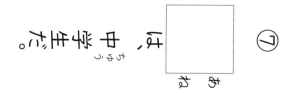
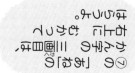

② あてはまる かん字を 書きましょう。 （ひとつ10）

26

① わりざんの けいさんの しかたが [　]れる。

② いの ナイフは よく [　]れる。

③ [　｜　]の おまつりに いきますか。

④ 日本[　]へ りょこうを けいかくする。

⑤ 新しい [　]が とおりに おおく ならぶ。

⑥ 大きな [　]で、ほしいものを かう。

⑦ あねは、中学生だ。

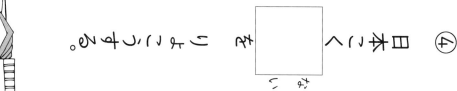

（ねこキャラの ふきだし）
⑦の「あね」の かん字は、二画目を ながく はらいます。

同じ ぶぶんを もつ かん字 (3)

時間 15ふん
ごうかく80点
／100
サクッと こたえ あわせ
答え 102ページ
月　日

✏️ 書いて おぼえよう!

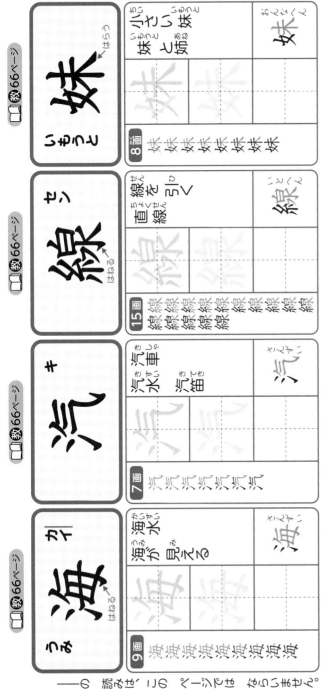

妹 いもうと	小さい 妹 妹と姉	おとうと 妹
		8画 妹妹妹妹妹妹妹
線 セン はねる	直線を引く 線をひく	せん 線
		15画 線線線線線線線線線線
汽 キ	汽車 汽水 汽笛	きしゃ 汽
		7画 汽汽汽汽汽汽
海 カイ うみ はねる	海水 海が見える	うみ 海
		9画 海海海海海海海海海

教 66ページ

──の 読みせいこの ページでは ならいません。

❶ 読みがなを 書きましょう。

30てん(1つ5)

① かわいい 妹。 （　　　　　）

② 妹 が くる。 （　　　　　）

③ 線 を ひく。 （　　　　　）

④ 汽 車 の きっぷ。 （　　　　　）

⑤ 汽 車 に のる。 （　　　　　）

⑥ 青い 海。 （　　　　　）

→つぎの ページに つづくよ→

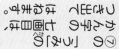

② あてはまる かん字を 書きましょう。　てん(1つ10)

① □（けいと）と 同じ くで すね。

② わたし は 小さな □（さくひん）を だい上げた。

③ 赤い ぺンで □（せん）を ひく。

④ 白い □（せかい）の 内がわを あるく。

⑤ あさから □□（きしゃ）の しゃしょう。

⑥ ぶらい □□（きしゃ）が はしる。

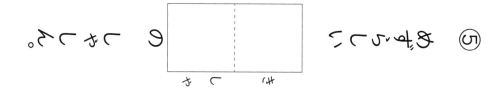

⑦ まい年 □（みち）に 行への たのしみだ。

⑦の「みち」の二画目は、つきぬけますね。

28

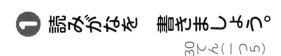

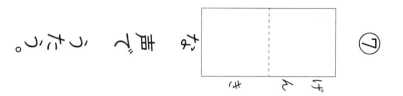

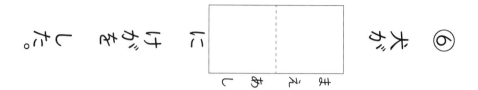

❷ あてはまる かん字を 書きましょう。　（一つ4点）

① 口で [なまえ□] を よぶ。

② [なまえ□] を よして だく。

③ [ひろ□い] のはらで 草花を つむ。

④ 目の 前に ついて くると しまが [ひろ□い]。

⑤ クラスと [なまえ□] を 書く。

⑥ 犬が [あさし□] にげ をし た。

⑦ [けんき□] な 声で いった。

時間 15分
ごうかく80点
/100
答え 102ページ

月 日

サクッと
こたえ
あわせ

✏️ 書いて おぼえよう!

教73ページ	岩 ガン いわ	岩が岩せき 岩い岩場る 岩かげ	岩 や ま
		岩岩岩	
	8画	岩岩岩岩岩岩岩岩	

教75・下114ページ	食 ショク たベ くる	朝食 食い気 パンを 食べる	食 しょく
		食 食	
	9画	食食食食食食食食食	

教76・139ページ	教 キョウ おそわる おしえる	教科書 みちを 教える	ぼくらの 教 しつ
		教 教	
	11画	教教教教教教教教教教教	

教77ページ	光 コウ ひかる ひかり	たいようの 光 光線 星が光る	ひ 光 とお し
		光 光	
	6画	光光光光光	

——の 読みせ、口の ページでは ならいません。

👀 読んで おぼえよう!

●…読み方が 新しい かん字

教72ページ	中 チュウ ジュウ なか

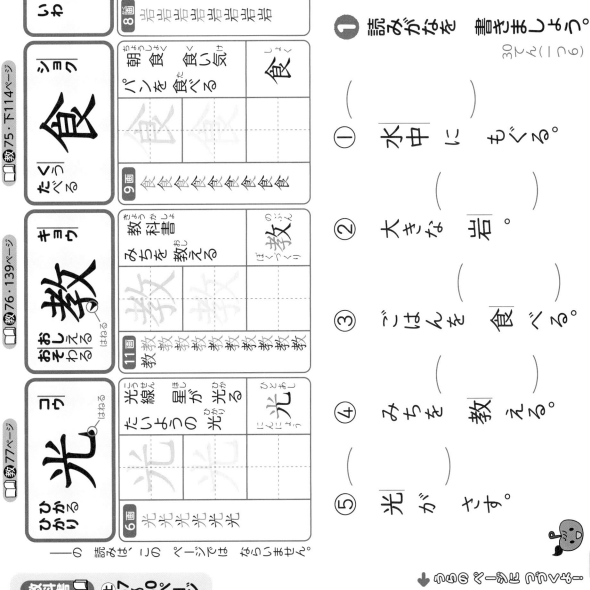

1 読みがなを 書きましょう。

30てん(1つ6)

① 水中 に もぐる。
（　　　　）

② 大きな 岩。
（　　　　）

③ ごはんを 食 べる。
（　　　　）

④ みちを 教 える。
（　　　　）

⑤ 光 が さす。
（　　　　）

↓うらの ページに つづくよ!

２ ③「だ」は、あくごんを おくりがなに ちゅういしながら こたえましょう。

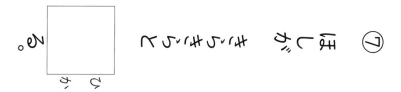

⑦ ほしが [　　　]と かがやいて ひかる。
〔か〕〔し〕

⑥ お日さまの ひかり。[　　　]
〔ひ〕〔かり〕

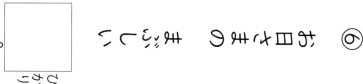
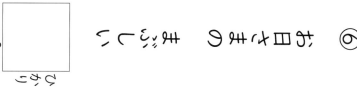

⑤ 妹に 字を [　　　]える。
〔お〕〔し〕

④ 先生の おしえを [　　　]える。
〔お〕〔し〕

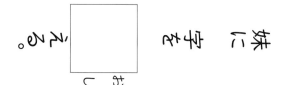

④・⑤の「おしえる」の かん字は、おくりがなに ちゅういしてね。

③ 犬が おいついて おしえに [　　　]べる。
〔た〕

② [　　　]が だんだん ひろがって いる。
〔わ〕〔い〕

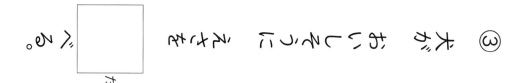

① [　　　]の ほんを つくって よみます。
〔す〕〔う〕〔ち〕

２ あてはまる かん字を 書きましょう。

✏️ 書いて おぼえよう！

□教83・下84・下121ページ

家

ケ カ
やい いえ

（はねる）

10画 家家家家家家家家家家

家を 空ける
家族
家の 人
家に 来る
家いえ

かえり
家

□教83ページ

池

チ
いけ

右上にははねる

6画 池池池池池

電池
池の こい
池いけ

さんすい
池

□教84ページ

組

ソ
くむ くみ

（とめる）

11画 組組組組組組組組組

組織を 組む
二年一組
組で
組くみ

いとへん
組

□教85・131・138ページ

後

ゴ コウ
のち うしろ あと

9画 後後後後後後後後後

後足
午後
その後
後ろ
後半

ぎょうにんべん
後

—の 読みは、二の ページでは ならいません

① 読みがなを 書きましょう。

30てん（1つ5）

① （　　　）家に かえる。

② （　　　）池に かめが いる。

③ （　　　）池の 水を ぬく。

④ （　　　）文の 組み立て。

⑤ （　　　）後ろに ならぶ。

⑥ （　　　）後ろを ふりむく。

つぎの ページに つづくよ

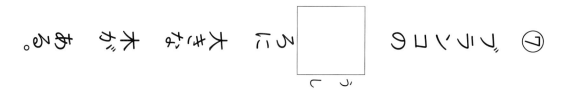

⑦ ブランコの □(うしろ)に、大きな木が ある。

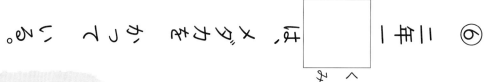

⑥ 二年□(くみ)は、メダカを かって いる。

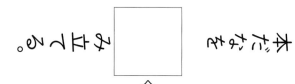

⑤ 本だなを □(く)み立てる。

⑤の「くむ」
⑥の「くみ」
は、「組」を
つかうよ。

④ □(いけ)の おたまじゃくしが、かえるに なる。

③ 学校の □(いけ)に、はたらが いる。

② □(え)の中を そうじ する。

① あさ早く □(いえ)を 出た。

② あてはまる かんじを 書きましょう。

時間 15分　ごうかく80点　／100

答え 102ページ

月　日

書いて おぼえよう!

数85・136・139ページ
数 スウ／かぞえる
13画
数が数える　数字を数える　算数　ぼくの数

教89ページ
丸 ガン／まる・まるい・まるめる
3画
一丸　丸い玉　丸をつける　丸

教89ページ
点 テン
9画
点数を点線　点と丸　点

教89ページ
買 バイ／かう
12画
売買　本を買う　買い

読んで おぼえよう!

●…読み方が新しい かん字　＝…おくりがな

教89ページ
話 はなす／はなし

1 読みがなを 書きましょう。

30点(1つ6)

① 子どもの 数。（　　　）

② 丸を 書く。（　　　）

③ 点を うつ。（　　　）

④ たのしい 会話。（　　　）

⑤ ノートを 買う。（　　　）

──の 読みは、この ページでは ならいません

教科書 ① 84〜89ページ

↓うらの ページに つづくよ

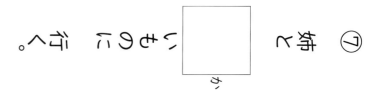

③・④ 「ば・ぶ」のかなづかい、付属語「は」「へ」「を」の使いかたを覚えましょう。

2 あてはまる かなを 書きましょう。 なまえ（10こ／10）

① にわに さく 花の □ が ふえる。

② にいの 家は くやの □ が 多い。

③ 正しく こたえに □ を しける。

④ りんごを くって □ 食べる。

①・②の「か゛」「ず゛」は、数字の「□」に かんけいする字です。気を つけましょう。

⑤ しぎの テストでは、よい □ を とりたい。

⑥ 文に、「ば」か（「　」）を しける。

⑦ 姉と いっしょに □ へ 行く。

36

きほんドリル **19**

あたらしい かん字 夏がいっぱい

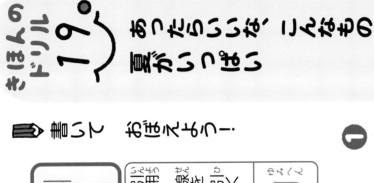

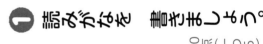
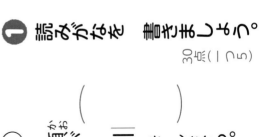

✏️ 書いて おぼえよう！

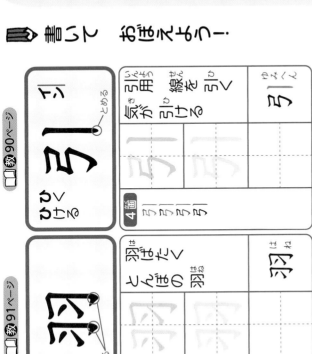

引 〔イ・ひく〕 4画
数90ページ
気が引ける／引用／線を引く／引く（ゆみ引き）

羽 〔はね・は〕 6画
数91ページ
羽ばたく／とんぼの 羽／羽ね

雲 〔くも〕 12画
数92ページ
白い 雲／海雲／雲の 上／あめかんむり

夏 〔なつ・カ〕 10画
数94ページ
夏休み／初夏／夏まつり／すずしい 夏

❶ 読みがなを 書きましょう。

30点(1つ5)

① 顔が 引きつる。（　　　　）

② 羽ぶとんで ねる。（　　　　）

③ 白い 雲。（　　　　）

④ 雲一つ ない 空。（　　　　）

⑤ 夏の 花が さく。（　　　　）

⑥ たのしい 夏まつり。（　　　　）

——の 読みがたは、この ページでは ならいません。

教科書 ① 90〜95ページ

↓つぎの ページに つづくよ→

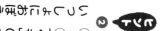

④・⑤の かん字、「雨」「雲」は、天気をあらわす かん字。

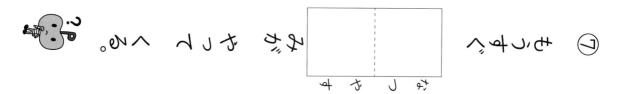

2 あてはまる かん字を 書きましょう。

70点(一つ10)

① 新しい ノートに 線を [□] く。（ひ）

② とんぼの はねは、すきとおって いる。（ね・は）

③ □ が あったら、空を とんで みたい。（は・ね）

④ 空に 白い □ かながれる。（く・も）

⑤ 雨が ふり出して □ ゆきだ。（く・も）

⑥ みかんが 大すきだ。（な・し）

⑦ むぎが みのってきますよ。（な・し・す）

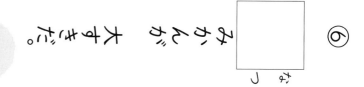

⑥・⑦の「な」の 上の ぶぶんは 「百」に なるよ。

38

きほんドリル6

ドリル 20

お気に入りの本をしょうかいしよう
ミリーのすてきなぼうし（1）

時間15分　ごうかく80点　/100
答え102ページ
月　日

書いておぼえよう

公（コウ）あける
教99ページ
4画　公 公 公
公正／公国／公園
公休　公園

園（エン）
教99ページ
13画
公園　園長／園長

通（ツウ）かよう・とおす・とおる
教101・下30ページ
10画　通 通 通 通 通 通 通 通 通 通
通学／学校に通う／先生を見通す

万（マン・バン）はねる
教102ページ
3画　万 万 万
一万円／万一／一万千

読んでおぼえよう

●…読み方が新しいかん字　⇒…おくりがな

教99ページ　**店**（みせ／テン）
教99ページ　**長**（ながい／チョウ）

❶ 読みがなを書きましょう。

30点（一つ6）

① （　　　）店長になる。

② （　　　）公園であそぶ。

③ （　　　）園長先生。

④ （　　　）車が通る。

⑤ 九万円のつくえ。

——の読みは、このページにはなりません。

うらのページにつづくよ→

④・⑤の「とおる」のかん字の読み方がちがいます。「とおる」「とおり」にきをつけよう。

❷ あてはまるかん字を書きましょう。　70点(一つ10)

① パンやの［　　］さん と話す。
（てん ちょう）

② ［　　］のプロになる。
（い ち てん）

③ 先生に、［　　］あいさつをする。
（え ん ちょう）

④ 大きなトラックが［　　］る。
（と お）

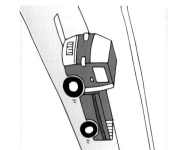

⑤ 学校へ行く［　　］、みちに、花だんがある。
（と お り）

⑥・⑦の「ま」のかん字は、「万」とかくよ。「万えん」「一万円」とおぼえつけてね。

⑥ ［　　］のじてん車を買う。
（い ち ま ん）

⑦ 千が十あつまると、［　　］になる。
（ま ん）

きほんのドリル 21. ミリーのすてきなぼうし (2)

時間 15ふん
ごうかく80点
/100
答え 102ページ
サクッとこたえあわせ
月　日

✏️ 書いておぼえよう！

教104・下113ページ あたま	ズトウ 頭	せんとうに頭をのせる 頭に先生が頭上	おおもり 頭
		16画 頭頭頭頭頭頭頭頭頭頭頭頭頭頭頭頭	

教110・下120ページ くる ながく	ライ 来	来月らいげつ やってくる来る	くる 来
		7画 来来来来来来来	

教110ページ とり	チョウ 鳥 はねる	小鳥ことり 白鳥はくちょう 鳥とりがとぶ	とり 鳥
		11画 鳥鳥鳥鳥鳥鳥鳥鳥鳥鳥鳥	

教110ページ うたう	カ 歌	歌手かしゅ 歌声うたごえ みんなで歌ううたう	あくび 歌 かける
		14画 歌歌歌歌歌歌歌歌歌歌歌歌歌歌	

―の読みは、上の下のページにはでならいません。

👀 読んでおぼえよう！

●…読み方が新しいかん字　　＝…おくりがな

教103ページ 足 たを たす す引る	教103ページ 空 そら から

1 読みがなを書きましょう。
30点(1つ6)

① 空 そらのうえ。
（　　　　　）

② 頭 がいたい。
（　　　　　）

③ だれが 来 る。
（　　　　　）

④ 鳥 が空をとぶ。
（　　　　　）

⑤ すてきな 歌 。
（　　　　　）

↓うらのページにつづくよ！

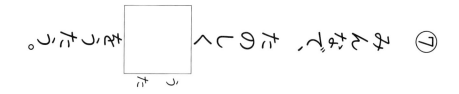

⑦ みんなで、たの□（た）しくした。

⑥ 黄色い□□（と）（に）をかう。

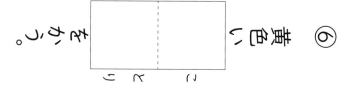

⑤ みぎに、すこし□（と）（く）がいる。

④ あす、おばさんが家に□（く）る。

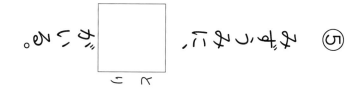

③ テーブルに□（あ）（ま）をぶつける。

② おかしのはこが□（か）（ら）になる。

① 本を買うにはお金が□（た）りない。

❷ あてはまるかん字を書きましょう。

同じ ぶぶんを もつ かん字～
～ようすを あらわす かん字

1 かん字の読みがなを書きましょう。　50点(1つ5)

① 大きな 店 で ケーキを 買う。 （　）（　）

② ちちの はたらく 会社 を たずねる。 （　）

③ 町内 に ある 大通 りで パレードが おこなわれる。 （　）（　）

④ 公園 で ともだちと おにごっこを して あそぶ。 （　）

⑤ 姉 と いっしょに プールへ 行く。 （　）

⑥ えきの 前 に 新しく スーパーが できた。 （　）

⑦ 小刀 を つかって 竹とんぼを つくる。 （　）

⑧ あには プラモデルを 組み立てるのが すきだ。 （　）

② あてはまるかん字を〔　〕に書きましょう。□にはかん字を、□にはひらがなを書きましょう。

① おばあちゃんの□（え）で、おふろを〔　〕（たてる）。

② ゆうびんきょくへ〔　〕（いっ）て、□（こうつう）くでやすむ。

③ 学校までの行き方を、□（こうつう）に〔　〕（おしえる）。

④ 〔　〕（ゆき）はとけて、みずになって川に〔　〕（ながれ）ていく。

⑤ □（なし）を〔　〕（むいて）たべる。

⑥ 夕日が□（へや）のすみまで、てらすから。

⑦ □（きしゃ）について書かれた本をよむ。

⑧ 〔　〕（こうじょう）のきかいの人がプレゼントをした。

時間 20分　ごうかく80点　/100　答え 102ページ　月 日

1 かん字の読みがなを書きましょう。　25点(1つ5)

① 一年間で、しん（　）長が十七センチものびた。

② ジュースのびんが空（　）っぽになる。

③ どうぶつ園（　）には、めずらしい鳥（　）がたくさんいる。

④ 気もちのよい風（　）がふいてくる。

2 あてはまるかん字を書きましょう。〔　〕にはかん字とひらがなを書きましょう。　25点(1つ5)

① 小鳥の声が〔きこえる〕。

② 〔おおどおり〕に〔あたらしい〕店ができた。

③ わたしは、二年三〔くみ〕です。

④ かぜをひいて〔あたま〕がいたい。

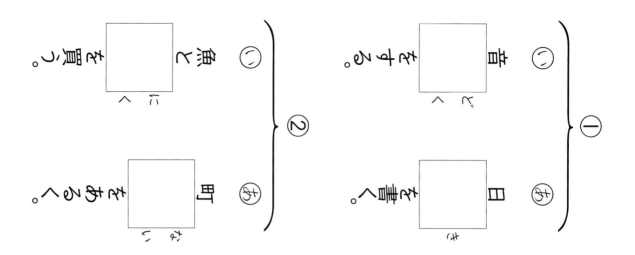

★4 形のにているかん字に気をつけて、□に正しいかん字を書きましょう。 20点(1つ5)

(1)
い 音をたてる。
あ 日を書く。

(2)
い 魚を買う。
あ 町をあるく。

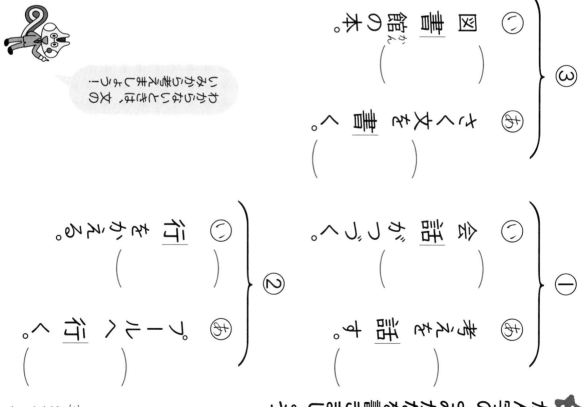

★3 かん字のよみがなを書きましょう。 30点(1つ5)

(3)
い 図書館の本。（　）
あ 文を書く。（　）

おくりがながつくから、よみかたがかわるよ。きをつけてね！

(1)
い 会話がはずむ。（　）
あ 考えを話す。（　）

(2)
い 行をかえる。（　）
あ プールへ行く。（　）

にた形であやまちやすい
身の回りのものを読もう

サクッと こたえあわせ

時間 15分　ごうかく80点　/100

答え 102・103ページ

月　日

✏️ 書いておぼえよう！

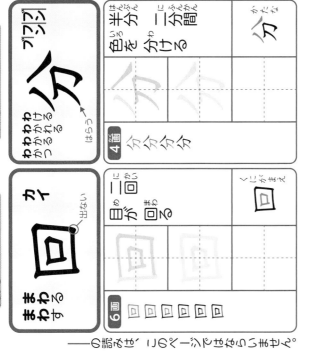

□ 教117・127ページ

分 ブン・フン・ブ／わ(ける)・わ(かれる)・わ(かる)
はらう

4画　分 分 分 分

かた　分（な）
半分　二分間　間（あいだ）
色を分ける

□ 教117・118ページ

回 カイ／まわ(る)・まわ(す)
出ない

6画

くにがまえ
一回　目が回る

——の読みは、このページではならいません。

👀 読んでおぼえよう！

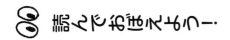

●…読み方が新しいかん字　＝…おくりがな

教116ページ　**会** カイ／あ(う)

「分」は一・二画目がはなれていて、「会」「今」「食」は、くっついています。

---

❶ 読みがなを書きましょう。

30点(1つ5)

① 町で出会う。（　　）

② ともだちと会う。（　　）

③ こたえが分かる。（　　）

④ 二つに分ける。（　　）

⑤ 八十回とぶ。（　　）

⑥ 身の回りのもの。（　　）

2 あてはまるかん字を書きましょう。

① ひなまつりにおひなさまを□る。（あ）

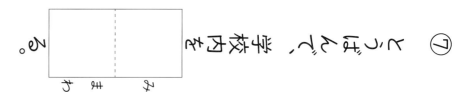

② べんきょうとうんどうのち□□。（て あ）

③ □かりすぎて話す。（か）

④ にはんをなかまと□ける。（わ）

⑤ ケーキを妹と□ける。（わ）

⑥ なわとびを五十□□ぶ。（か い）

⑦ とうばんで、学校内を□□る。（き ま か）

書いたら、見直そう

書いておぼえよう！

教120ページ	直 チョク ジキ なおす なおる ただちに	正直　直線　見直す　直す　直	8画 直直直直直直直直
教120・下30ページ	紙 シ かみ（がみ）はねる	紙　手紙　白紙　紙に書く	10画 紙紙紙紙紙紙紙紙紙紙
教120・下59ページ	遠 エン とおい	遠い国　遠足　遠く	13画 遠遠遠遠遠遠遠遠遠遠遠遠遠
教120・下23ページ	友 ユウ とも つき出す	友人　友だち　友	4画 友友友友

読んでおぼえよう！

●…読み方が新しいかん字　＝…おくりがな

教120ページ
足 たす たりる たる／あし

1 読みがなを書きましょう。

30点(1つ6)

① 文しょうを 見直す。（　　　）

② 正しく 直す。（　　　）

③ 手紙 を書く。（　　　）

④ 遠足 に行く。（　　　）

⑤ 友 だちの家。（　　　）

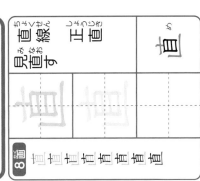
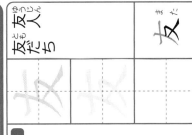

――の読みは、このページではならいません。

→うらのページにつづくよ！

❷ めんするかん字を書きましょう。 70点（1つ10）

① テストのいちだんを〔　　〕す。
み　な　お

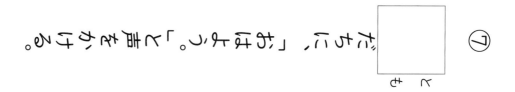

② 妹のきげんが〔　　〕る。
な　お

③ 〔　　　〕のくじをかなえる。
て　が　み

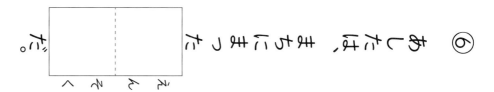

④ にがてなきょうへんを書いてはる。
か　み

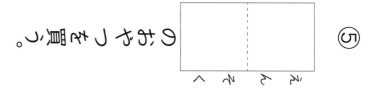

⑤ 〔　　　〕のおなしを買う。
え　ん　ぴ

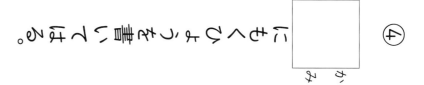

⑥ わたしは、まちに〔　　　　〕ました。だ
え　ん　そ　く

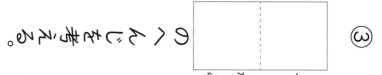

⑦ だいに、「おはよう。」と〔　　〕をかける。
と　も

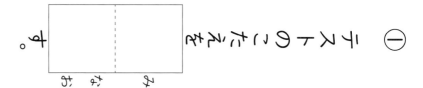

⑦の「とも」のかん字は１画目が「は」。３画目はたてから書く。また、１画目は４画め。書きじゅんにも気をつけよう。

50

どうぶつ園のじゅうい （1）

✏ 書いておぼえよう！

教124ページ	朝 チョウ あさ	12画	朝食 朝日 毎朝 朝

朝朝朝朝朝朝朝朝朝朝

教125ページ	顔 ガン かお	18画 とめる	顔が面んだ顔 顔をみせる おがお

顔顔顔顔顔顔顔顔顔顔顔

教125ページ	毎 マイ	6画	毎日 毎回 毎 なれ

毎毎毎毎毎毎

教126・下30ページ	当 トウ あたる あてる	6画	当時 まとに当たる 当

当当当当当当

──の読みせ、一つの〜んではならいません。

教科書 上 123〜134ページ

👀 読んでおぼえよう！

●…読み方が新しいかん字　＝…おくりがな

教125ページ	教125ページ
大 タイ ダイ おおきい おおい おお-いに	切 セツ きれる きる

1 読みがなを書きましょう。
30点(1つ6)

① 朝 早くおきる。
（　　　　）

② 顔 をあらう。
（　　　　）

③ 大切 な思い出。
（　　　　）

④ 毎日 パンを食べる。
（　　　　）

⑤ まとを 当 てる。

③・④は、「おお」「おう」など、体のぶぶんをあらわすかな字などがちがいます。きをつけてかきましょう。

⑦ みなみのくにでは、ひがよく □ たる。

⑥ なわ □ びをする。

⑤ きれいな □ を たいせつにしている。

④ あかちゃんの □ が たしかにおおきい。

③ おかあ□、□ に ケーキをあげる。

③・④の「おお」は、かん字にすると、形がちがうんだね。

② □ の光をあびる。

① □ は公園まで、大きなたいぼんに行く。

2 □にあてはまるかな字を書きましょう。

しんしゅつ漢字のれんしゅう （2）

時間 15分　ごうかく80点　/100　答え 103ページ
サクッとこたえあわせ
月　日

✐ 書いておぼえよう

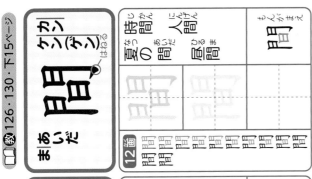

教126・130・下15ページ

間（カン・ケン／あいだ・ま）　まあいだ　12画
もんがまえ
時間　人間　間　もんがまえ
夏の間　昼間
間間間間間間間間間間間間

教127ページ

昼（チュウ／ひる）　ひる　9画
昼食　昼休み　お昼　昼
昼昼昼昼昼昼昼昼昼

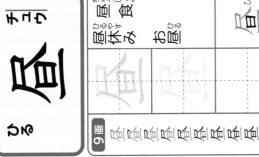

教127ページ

半（ハン／なかば）　なかば　5画
半分　月の半ば　今半分　半ば
半半半半半

教129ページ

電（デン）　おかみなり　13画
電気　電力　電話　電
電電電電電電電電電電電電電

── の読みは、このページではならいません。

👀 読んでおぼえよう

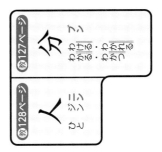

●…読み方が新しいかん字　＝…おくりがな

教127ページ
分（ブン・フン／わける・わかれる　わかる　わかつ）

教128ページ
人（ジン・ニン／ひと）

1 読みがなを書きましょう。
30点（一つ6）

① 家と家との 間 。（　　　）

② お 昼 のチャイム。（　　　）

③ 半分 に切る。（　　　）

④ 三人 であそぶ。（　　　）

⑤ 電話 をかける。（　　　）

教科書 上123〜134ページ

❷ 当てはまるかん字を書きましょう。

70点(1つ10)

① たろうさんと はなこさんの □（あに）の おうちへ いく。

② えきと 学校の □（あいだ）に、ゆうびんきょくと みせがある。

①・②の「あに」「あいだ」は、その六画目が、ちがうね。

③ お □（ひる）は カレーライスだった。

④ りんご を □（はんぶん）に 切る。

⑤ しあいの前、□（はん）に、先点が入る。

⑥ □（きねん）の友だちと、近くの図書館に出かける。

⑦ かかりの □（とうばん）を つとめる。

54

きょうかしょの かん字（3）
こくばんに はってみよう

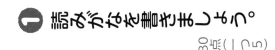

時間 15分　ごうかく80点　／100　答え103ページ　月　日　サクッとこたえあわせ

書いておぼえよう！

教131・下81ページ

外（ガイ・ゲ／そと・ほか・はずす・はずれる）　とめる　5画

| ゆう外 | ふみ外す | その外 | 外に出る | 外国 |

外 外 外 外 外

教136・139ページ

楽（ガク・ラク／たのしい・たのしむ）　13画

| 楽（き） | 楽しい話 | 音楽 | 楽しむ | 楽園 |

楽 楽 楽 楽 楽 楽 楽 楽 楽

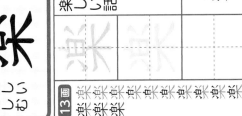

教137・138ページ

親（シン／おや・したしい・したしむ）　はねる　16画

| 親（み）る | 親しい人 | 親切 | 親しむ | 親子 |

親 親 親 親 親 親 親 親 親 親

──の読みは、このページではならいません。

読んでおぼえよう！

●…読み方が新しいかん字　＝…おくりがな

| 教130ページ 間（あいだ） | 教131ページ 後（あと・うしろ） | 教136ページ 数（かず・かぞえる） |

① 読みがなを書きましょう。
30点(1つ5)

① まじめな（　　　）人間。

② （　　　）後 からついていく。

③ 家の（　　　）外 に出る。

④ みんなで（　　　）楽 しむ。

⑤（　　　）数 え歌を 歌う。

⑥ じぜんに（　　　）親 しむ。

教科書　(上)123～137ページ

マンガ2 ⑥・⑦の「したしい」「したしまれて」は、「立」＋「木」＋「見」に分けて覚えるとよいでしょう。

2 正しくはねる字を書きましょう。 70点（一つ10）

① □（に）□（き）をつづけるのはたいせつだ。

② タはんの□（あと）に、おふろに入る。

③ 白い線の□（そと）□（と）に出ないように気をつけて。

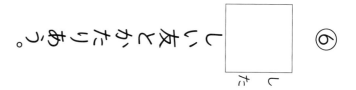

④ かぞくで□（たの）しくすごす。

（ふきだし）③の「がいしゅつ」の「出」画、書きわすれないようにしてね。

⑤ きれいなにじの□（かぞ）くをえがく。

⑥ □（した）しい友だちといっしょにあそぶ。

⑦ みんなに□（した）しまれている歌。

56

なかまのことばとかん字 （1）

✏️ 書いておぼえよう！

教138ページ ちち 父 フ ちち	父ちち 親おや 父ちちと母はは 父ちちと母はは	父ちち
	4画 父父父	

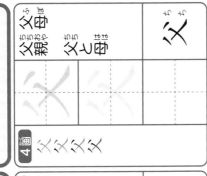

教138ページ はは 母 ボ はは	母はは 親おや 母ははと父ちち 母校こう	母かれ
	5画 母母母母母	

教138・下117ページ あに 兄 キョウ あに	兄あに 兄きょうだい 弟おとうと 兄あにと弟おとうと	兄にんしょう
	5画 兄兄兄兄	

教138・下117ページ おとうと 弟 ダイ おとうと	弟きょうだい 弟おとうとと兄あに	弟ゆみ
	7画 弟弟弟弟弟弟	

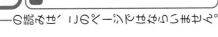
――の読みは、このページではならいません。

👀 読んでおぼえよう！

●…読み方が新しいかん字　＝…おくりがな

教138ページ
親 ●した(しい) ●おや ●シン

1 読みがなを書きましょう。

30点（1つ6）

① 親 と子が話す。
（　　　）

② 父 が会社へ行く。
（　　　）

③ 母 と出かける。
（　　　）

④ 兄 は中学生だ。
（　　　）

⑤ 弟 とあそぶ。
（　　　）

↓58ページにつづくよ！

時間 15分
ごうかく80点
/100
答え 103ページ

月　日

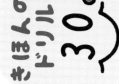

✏️ 書いておぼえよう!

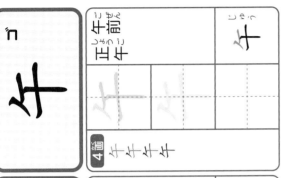

午　ゴ
数138ページ

正午
午前
午前・午後
4画　午午午

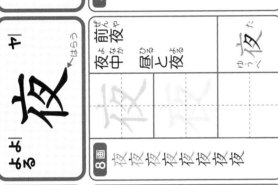

夜　ヤ
よる
よ
数138・下32ページ

夜よ前ぜん
夜中なか
昼ひると夜
夜よる夜や中ちゅう
ゆうべ
8画　夜夜夜夜夜夜夜夜

科　カ
数139ページ

科か学がく
教きょう科か
9画　科科科科科科科科科

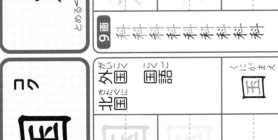

国　コク
くに
数139・下84ページ

外がい国こく
北きた国ぐに
国こく語ご
外がい国こく
国くに語がえ
8画　国国国国国国国国

教科書 (上)138〜139ページ

👀 読んでおぼえよう!

●…読み方が新しいかん字　══…おくりがな

前　ゼン
まえ
数138ページ

後　ゴ
あと
うしろ
数138ページ

教　キョウ
おしえる
おそわる
数139ページ

1 読みがなを書きましょう。
30点(1つ6)

① 午前 のじゅぎょう。
（　　　　）

② 午後 にかえる。
（　　　　）

③ 夜 のしずけさ。
（　　　　）

④ 教科書 をそろえる。
（　　　　）

⑤ 外国 はとおい。
（　　　　）

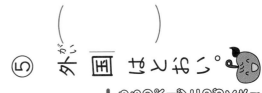

──の読みは、138ページにはならいません。

①「ほんに」、②「ことばに」の読み方に注意してね。

② 当てはまるかん字を書きなさい。　70点（一つ5点）

① □□ん中にほんに行く。

② □に□は晴れるでしょう。

③ おきゃくさんに電話がかかってきた。

④ まいにちべんきょうしてからねる。

⑤ □□□をしらべる。

⑥ 外の□□のおしえてもらえる。

⑦ □□の本を読む。

60

時間15分
ごうかく80点
100
答え103ページ

月　日

書いておぼえよう！

語 ゴ／かたる／かたらう
国数139ページ
こくご
国語
語り合う
国語
14画 語語語語語語語語語語語語語語

算 サン
国数139ページ
計算する
算数
だけざんなり
算
14画 算算算算算算算算算算算算算算

活 カツ／かす／いきる
国数139ページ
活かす
活用
生活
活
9画 活活活活活活活活

工 コウ／ク
国数139ページ
図工
工夫
だいく
工
3画 工工工

——の読みせい、１ねんのページではならいません。

読んでおぼえよう！

●…読み方が新しいかん字　＝…おくりがな

| 教139ページ **数** かず／かぞえる | 教139ページ **楽** たのしい／たのしむ／ガク | 教139ページ **図** ズ／ト |
| 教139ページ **体** タイ／からだ | 教140ページ **小** ショウ／ちいさい／こ／お | |

1 読みがなを書きましょう。
30点（1つ6）

① （　　　）国語 を学ぶ。

② （　　　）算数 のもんだい。

③ （　　　）生活科 のじ間。

④ （　　　）図工 のじゅんび。

⑤ （　　　）小学校 へ行く。

→うらのページにつづく→

61

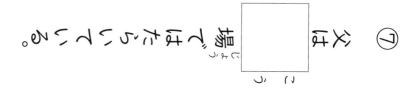

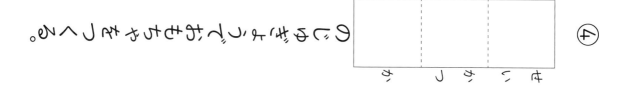

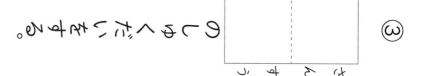

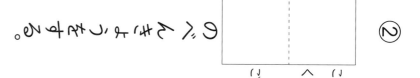

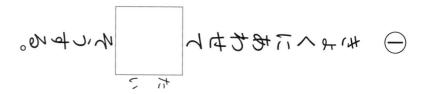

②・③・⑤・⑥の□には、かん字・かながいっしょに入ります。かん字もかなもかんがえてかきましょう。

② 書きじゅんに気をつけて、□に漢字を書きましょう。

70点（1つ10）

62

時間 **20**分
ごうかく**80**点
/100

サクッと
こたえ
あわせ

答え **103**ページ

月 日

① かん字の読みがなを書きましょう。

50点（1つ5）

① （　　　　　）
毎朝、ぎゅうにゅうをのむ。

② 　　　　　（　　　　　）
なげたボールがかくに 当 たる。

③ 　　　　　（　　　　　）
本はまだ 半分 しか読んでいない。

④ （　　　　　）
電話 で元気な声を間く。

⑤ 　　　（　　　　　）（　　　　　）
もうすぐ 楽 しい 遠足 だ。

⑥ 　　　　　　　　　　　　（　　　　　）
姉はふるいオルゴールを 大切 にしている。

⑦ 　　　（　　　　　）（　　　　　）
きょうは、 父 と 母 が学校に来る。

⑧ （　　　　　）
外国 の絵本をもらう。

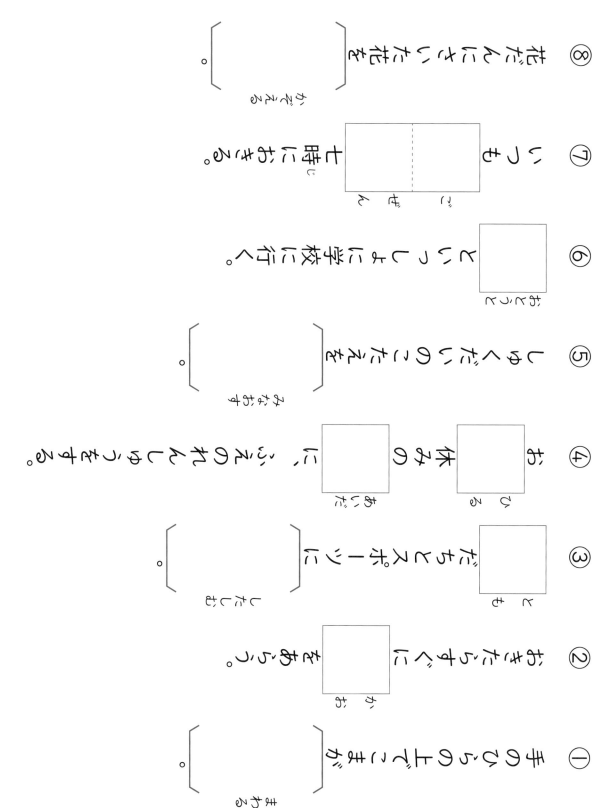

2 当てはまる漢字を書きましょう。〔　〕にはかなづかいも書きましょう。50点(1つ5)

① きものの上下がか〔　　わる　　〕ます。

② おはだたくに□をあらい。

③ ともだちとスポーツに□つ。〔　　　　〕

④ おひるの□休みに、□だんのおれいをしゅくふくする。

⑤ しゅくべんのいだいを〔　　なおす　　〕。

⑥ □にちようびに学校へ行く。

⑦ もし□□七時におきる。

⑧ 花だんにたいせつにそだ□を〔　　かぞえる　　〕。

お手紙 (1)

時間 15分
ごうかく80点
／100
答え 103ページ
月 日
サクッとこたえあわせ

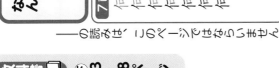

書いておぼえよう!

□教13ページ
みずから
自
←はらう シ ジ
自分で学ぶ　自然
自ら　自分
みずから
6画 自自自自自自

□教15ページ
とき
時
←つき出す ジ
時が時間がたつ
時こく
じかん
10画 時時時時時時時時時時

□教17ページ
かえる
帰
キ
家に帰る　帰国
帰る
かえ
きこく
はは
10画 帰帰帰帰帰帰帰帰帰帰

□教17・29ページ
なんに
何
←はねる
何も何も者のない
何時
何ん
なに
なん
にちん
7画 何何何何何何何

読んでおぼえよう!

●…読み方が新しいかん字

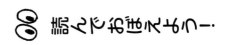

教15ページ
間
ケン
あいだ

❶ 読みがなを書きましょう。

30点(1つ6)

① 自分 で考える。
(　　)

② 時 がすぎる。
(　)

③ 時間 がかかる。
(　　)

④ 家に帰 る。
(　)

⑤ 何 かを言う。
(　)

——の読みは、この66ページではならいません。

↓うらのページにつづくよ

教科書 下13〜28ページ

2 当てはまるかん字を書きましょう。

①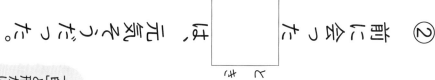
じ □ ん
から話しかける。

①の「じ」のかん字は、「回」の画数に気をつけよう。

② 前に会った
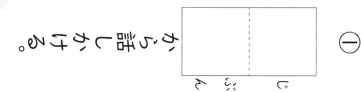
と き
は、元気そうだった。

③ お店には、夕方の四
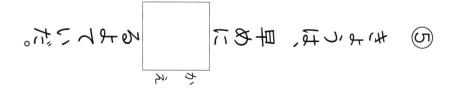
じ
についた。

④ ヤクヤク
の
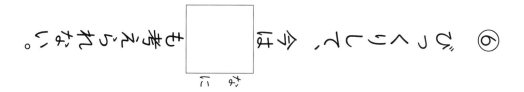
じ か ん
にあします。

⑤ きょうは、早めに
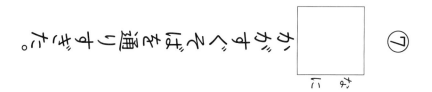
か え
るよていだ。

⑥ びょういんで、今は
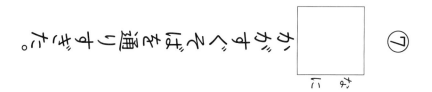
な に
も考えられない。

⑦

な に
がすべてはくを通ります。

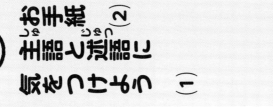

きほんのドリル 34

お手紙(2)
主語と述語に
気をつけよう (1)

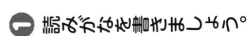
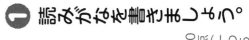

時間 15分
ごうかく80点
／100
答え 103ページ

月　日

✏ 書いておぼえよう！

□教18・104ページ

合
ガッ カッ ゴウ
あう あわす あわせる

合計 合唱
合戦 知り合う
合
6画 合合合合合合

□教30ページ

里
リ
さと

郷里 里
里いも
里
7画 里里里里里里里

□教30ページ

週
シュウ
はらう

来週 一週間
今週 先週
週
11画 週週週週週週週週週

──の読みは、このページではならいません。

👀 読んでおぼえよう！

●…読み方が新しいかん字　＝…おくりがな

□教23ページ
親
シン
おや
したしい
したしむ

□教23ページ
友
ユウ
とも

□教29ページ
何
なに
なん

□教30ページ
今
コン
いま

1 読みがなを書きましょう。

30点(1つ5)

① 知り合いに会う。
（　　　　　）

② いけんを出し合う。
（　　　　　）

③ 親友を家によぶ。
（　　）

④ 何時に来ますか。
（　　）

⑤ 里いもをにる。
（　　）

⑥ 今週のよてい。
（　　）

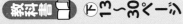
教科書 下13〜30ページ

↓うらのページにつづくよ！

67

2 当てはまるかん字を書きましょう。

① いろいろ考えを出し〔あ〕う。

② 学きゅう会で話し〔あ〕いをすすめる。

③ と犬〔し・ゅ・ん〕てちゃんとしている。

④ なわとびを〔な・ん・か・い〕とぶかを数える。

⑤ 大きな〔と・な〕こえではなす。

⑥ 妹のたんじょう日は〔し・が・つ〕だ。

⑦ 〔い・し・ゃ・ん〕がやってきました。

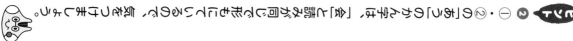

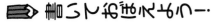

きほんの ドリル 35

主語と述語に 気をつけよう (2)

時間 15分　ごうかく 80点　/100　答え 103ページ　月 日

✏ 書いておぼえよう！

👀 読んでおぼえよう！

●…読み方が新しいかん字　━…おくりがな

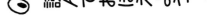

1 読みがなを書きましょう。

30点(1つ6)

① （　　　）
　当番 をかわる。

② （　　　）
　わたしの 出番 だ。

③ （　　　）
　画用紙 をくばる。

④ （　　　）
　三角 じょうぎ

⑤ （　　　）
　四角 いはこ。

教科書 下 29〜30ページ

69

まちがえやすい漢字の書き方です。答えがのっています。
③・④・⑤「ちいさい」、⑥・⑦「かい」に気をつけましょう。

❷ あてはまるかん字を書きましょう。

70点(1つ5)

① あしはるからつよくて、□□□だ。

② すなはまにでて、□□□を見る。

③ □□□に犬の絵をかく。

④ もんだい□□□をかく。

⑤ 「てつ」の字の□□□は「　」

⑥ おりがみを□□□の形におる。

⑦ いい顔の□□を□かくよ。

①・②の「はつ」の
かん字を
正しく書きましょう。

主語と述語に
気をつけよう （3）

✏️ 書いておぼえよう！

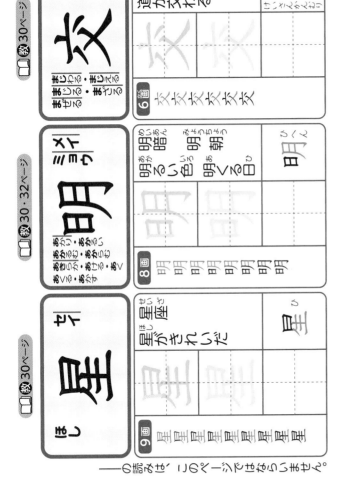

教30ページ	コウ 交 まじわる・まじえる まじる・まじる・まぜる かう・かわす	交通 かなどう 道が交わる 交通がまじり	交 せいやくかどをり
		6画 交交交交交交	

| 教30・32ページ | メイ ミョウ 明 あかり・あかるい あかるむ・あからむ あきらか・あける あく・あくる・あかす | 明るい 明かり 暗い色 明朝 明く日 明くる日 | 明 ひく |
| | | 8画 明明明明明明明明 | |

| 教30ページ | セイ 星 ほし | 星座 星ぼし 星がきれいだ | 星 ひ |
| | | 9画 星星星星星星星星星 | |

——の読みせ、二〇のページではならいません。

📖 読んでおぼえよう！

●…読み方が新しいかん字 ＝…おくりがな

教30ページ 通 つう とおる・とおす かよう	教30ページ 風 かぜ かざ

1 読みがなを書きましょう。
30点(1つ5)

① 交通 あんぜん。
（ 　　　　　 ）

② 交番 のおまわりさん。
（ 　　　　　 ）

③ 風車 であそぶ。
（ 　　　　　 ）

④ 明 るいくや。
（ 　　　　　 ）

⑤ 空 が 明 らむ。
（ 　　　　　 ）

⑥ うつくしい 星空。
（ 　　　　　 ）

② 当てはまるかなを書きましょう。

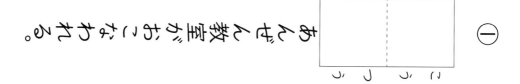

① ［　　　］教室がさわがしい。

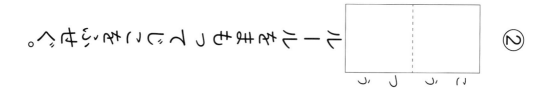

② ［　　　　］ルールをつくってまもりましょう。

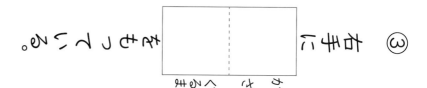

③ 右手に［　　　　］をもっている。

④ 父と［　　　　］にしょう　　を見る。

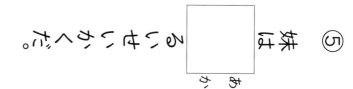

⑤ 妹は［　　　］がいたくてなく。

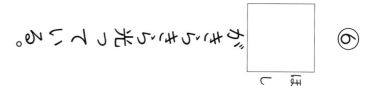

⑥ ［　　　］から光がさしている。

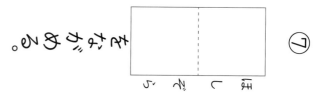

⑦ ［　　　］をながめる。

①・②の「こ」は「文」と「こ」のくみあわせてかく字だよ。

③・④ ⑥「は」のかわりに、「が」「を」「に」の言葉をおぎないましょう。

✏️ 書いておぼえよう！

		東
東 ひがし	とうとうきょう 東　東京 ひがしのそら 東の空	
	8画 東東東東東東東東	

教32ページ

		京
京 キョウ	きょうと　とうきょう 京都　東京	
	8画 京京京京京京京京	

教32ページ

		古
古 コ ふるい ふるす	こだい 古代 ふるいほん 古い本	
	5画 古古古古古	

教32ページ

		寺
寺 ジ てら	じいん 寺院 おてら お寺	
	6画 寺寺寺寺寺寺	

教32ページ

👀 読んでおぼえよう！

●…読み方が新しいかん字　＝…おくりがな

教32ページ 魚 ギョ（さかな）	教32ページ 空 あく・あける・そら・から

1 読みがなを書きましょう。
30点(1つ6)

① 東京 に行く。
② 金魚 をかう。
③ 空 きばこに入れる。
④ 古 い家にすむ。
⑤ お寺 にまいる。

ーの読みせい、このページではならいません。

④⑤「あい」のかん字には、「い・か・ら・れ・あ・ん・め」などの多くの読み方があります。

文のつづきを考えて書きましょう。

⑦ おばあさんが、お□□してしまいている。

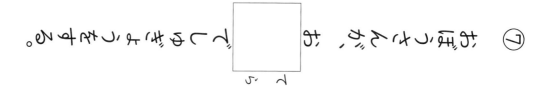

⑥ おじいさんの車は、□□んでいる。

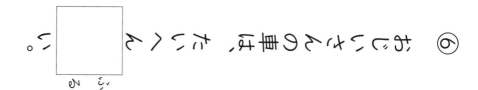

⑤ 前の方のせき□があいている。

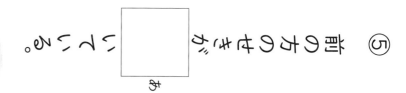

⑥の「ぶん」の□一画めはつけて、二画めははなすよ！

④ □かんをきしだいにします。

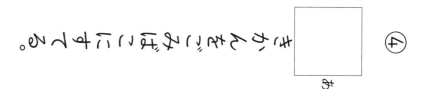

③ 赤と白の□□□□がおよいでいる。

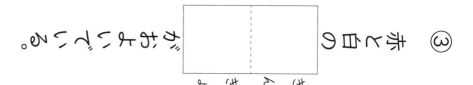

② 都には、しん□□社がたくさんある。

① と□□に□を引いています。

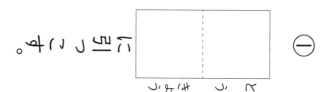

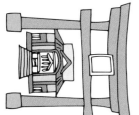

② 当てはまるかん字を書きましょう。

✏ 書いておぼえよう!

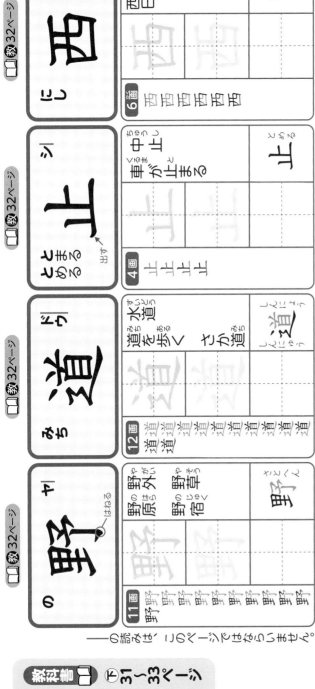

教32ページ　西　セイ・サイ　にし
西に西部　関西
西日
6画　西西西西西

教32ページ　止　シ　と（まる）・と（める）　出す
車が止し
中止
止まる
4画　止止止

教32ページ　道　ドウ　みち
水道　道路
道を歩く　さか道
道みち　しん道
12画　道道道道道道道道道道道道

教32ページ　野　ヤ　の　（はねる）
野が野外
野原　野草
野宿
野原
11画　野野野野野野野野野野野

——の読みは、このページではならいません。

👀 読んでおぼえよう!

●…読み方が新しいかん字　＝…おくりがな

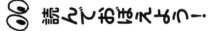
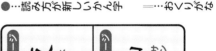
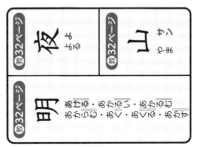

教32ページ　夜　よる
教32ページ　山　サン　やま
教32ページ　明　あからむ・あかるい・あかるむ・あかす・あける・あく・あくる

① 読みがなを書きましょう。
30点(一つ6)

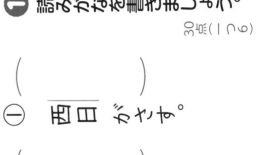

① （　　　　）西日 がさす。

② 夜明（　　　　）け前におきる。

③ 車が 止（　　　）まる。

④ さか 道（　　　）をのぼる。

⑤ 野山（　　　）をかける。

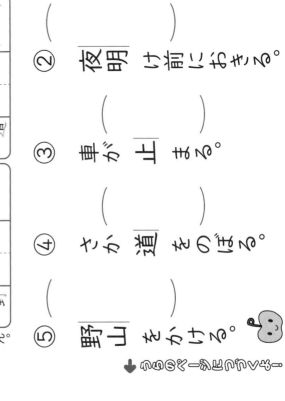

つぎのページにつづくよ→

教科書 下31〜33ページ

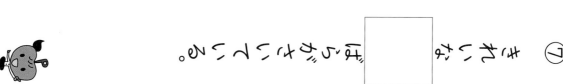

❷ □にあてはまるかん字を書きましょう。

① □□□しんごうがついた。

② □□のほうにあてつめく。

③ □□けんこうに目がさめる。

④ 雨がふりだしたので、はしってにげて□□□します。

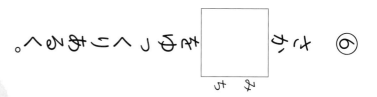

⑤ 何□□□□たちます。

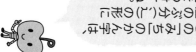

＊⑥の「あゆむ」は、ぶぶんの「止」の形に気をつけてね。

⑥ さ□かをゆっくりあるく。

⑦ きれい□□はなからとんでいる。

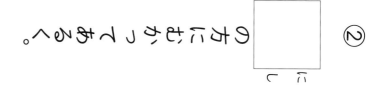
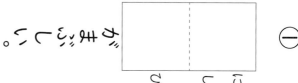

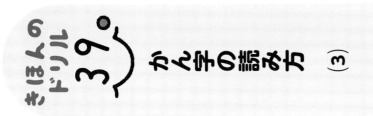

かん字の読み方 (3)

- きほんのドリル 39
- 時間 15分
- ごうかく80点
- /100
- 答え 104ページ
- 月　日

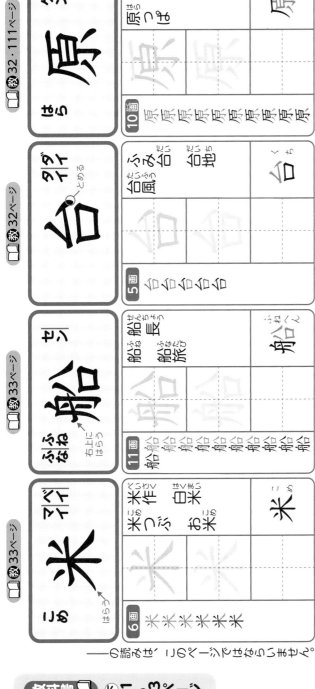

📝 書いておぼえよう！

ゲン はら	原	がんだれ 原	原形 けい	草原 そうげん	原っぽ はら
		10画 原原原原原原原原原原			

| ダイ タイ
とめる | 台 | 台
だい | 台地
だいち | 台風
たいふう | ぶみ台
だい |
| | | 5画 台台台台台 | | | |

| セン ふね ふな
右上にはらう | 船 | 船
ふね | 船旅
ふなたび | 船長
せんちょう | ふな船
ふね |
| | | 11画 船船船船船船船船船船船 | | | |

| ベイ マイ こめ
はらう | 米 | 米
こめ | お米
こめ | 白米
はくまい | 米作
べいさく
ぶつ |
| | | 6画 米米米米米米 | | | |

📖 数32・111ページ
📖 数32ページ
📖 数33ページ
📖 数33ページ

① 読みがなを書きましょう。

30点(1つ5)

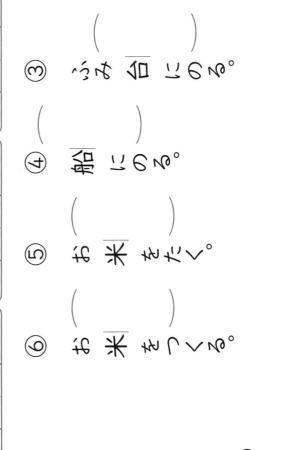

① 野原 の草花をつむ。（　　　　　）

② 原 っぱであそぶ。（　　　　　）

③ ふみ台 にのる。（　　　　　）

④ 船 にのる。（　　　　　）

⑤ お米 をたく。（　　　　　）

⑥ お米 をつくる。（　　　　　）

——の読みせいこのページではならいません。

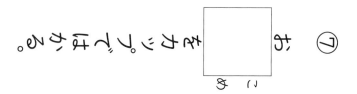

⑦ お□を かけて はしる。（に・め）

⑥ □から カモメの むれが 見える。（ふ・ね）

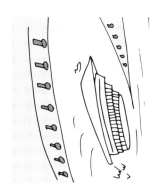

⑤ 大きな □が となりに 入る。（ぶ・ね）

④ 車が □に はしっている。（い・だ）

③ □の 上に 立って 歌う。（だ・い）

② 犬と □で はげしく かけ回る。（は・ら）

①・②の「はしる」の かん字、にているね。どこが ちがうかな。「走」と「...」かな。

① にわとりの □□が ひろがっている。（の・は・ら）

2 当てはまるかん字を書きましょう。

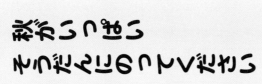

きほんのドリル **40**

秋がいっぱい
そうだんにのってください

✏️ 書いておぼえよう！

□教34ページ	**秋** あき シュウ	しゅうぶん 秋風　秋分の日 あきかぜ 秋まつり あきまつり	のぎへん 秋
	9画 秋 秋 秋 秋 秋 秋 秋 秋		
□教39・58ページ	**作** つくる サク・サ	さくぶん 作文　作業 さぎょう パンを作る つく	にんべん 作
	7画 作 作 作 作 作		
□教38ページ	**理** リ	みち り か 道理　理科 り ゆ り けい 理由　理系	おうへん 王理 たまへん
	11画 理 理 理 理 理 理 理 理 理		

――の読みは、1つのページではならいません。

「秋」の左がわの「禾」（のぎへん）は、いねや こくもつにかんけいする いみをあらわします。一画目はちからら書くとに ちゅういしましょう。

---

① 読みがなを書きましょう。

30点(1つ5)

① スポーツの 秋。

（　　　　）

② 秋 を かんじる。

（　　　　）

③ おかしを 作 る。

（　　　　）

④ 作 り方のせつめい書。

（　　　　）

⑤ 理 由を 話す。

（　　　　）

⑥ 理 くつを 言う。

↓うらのページにつづくよ！

①・②・③の「あき」は、「春」や「夏」などのように、おくりがなのちがいに気をつけておぼえましょう。

② 当てはまるかん字を書きなさい。　70点(1つ5)

① 読書の □(あき) がやって来た。

② すずしい □□(あさ)□(ゆう) がつづく。

③ この □(あめ) は、おいしく食べられるのだ。

④ おかあさんとケーキを □□ る。

⑤ パンを □□ るために早くおきる。

⑥ やくそくの時間におくれたので □(ゆ)□ を言う。

⑦ 三年生になると、□(か)□(り) がはじまる。

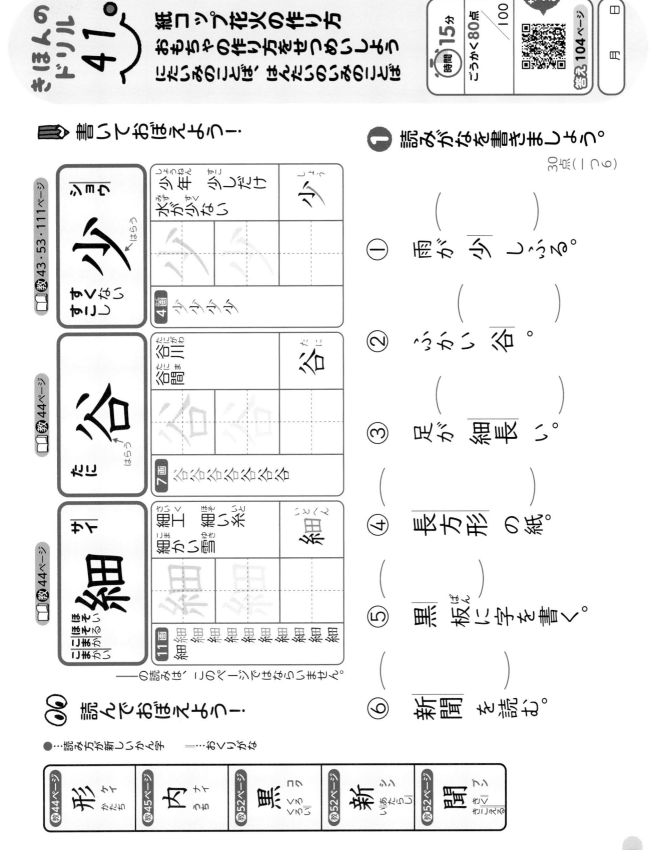

きほんドリル 6

41

紙コップ花火の作り方
おもちゃの作り方をせつめいしよう
につたえるには、はんたいのいみのことば

時間 15分
ごうかく 80点 / 100

サクッと こたえ あわせ

答え 104ページ

月　日

✏️ 書いておぼえよう！

📕教43・53・111ページ

ショウ
すくない
すこし

少

はらう

4画 少 少 少

水が少ない
年少
少し
少しだけ
少

📕教44ページ

たに

谷

はらう

7画 谷 谷 谷 谷 谷 谷 谷

谷に谷間
谷間
谷川
谷

📕教44ページ

サイ
ほそい
ほそる
こまか
こまかい

細

11画 細 細 細 細 細 細 細 細 細 細 細

細工
細い糸
細かい
雪細工
細

——の読みは、111のページではならいません

👀 読んでおぼえよう！

●…読み方が新しいかん字　＝…おくりがな

教44ページ
形 ケイ
かた
かたち

教45ページ
内 ダイ
うち

教52ページ
黒 コク
くろ
くろい

教52ページ
新 シン
あたらしい
あらた
にい

教52ページ
聞 ブン
モン
きく
きこえる

① 読みがなを書きましょう。

30点(1つ6)

① 雨が少しふる。（　　　）

② ふかい谷。（　　　）

③ 足が細長い。（　　　）

④ 長方形の紙。（　　　）

⑤ 黒板に字を書く。（　　　）

⑥ 新聞を読む。（　　　）

教科書 下 41〜53ページ

➡ うらのページにつづくよ！

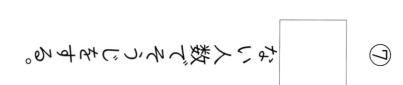

①「てん」のむきに気をつけて、ただしいかたちで「丶」に気をつけて書きましょう。

② 当てはまるかん字を書きましょう。　70点（1つ10）

① ［谷（たに）］をながれる水音が聞こえる。

② ［細（ほそ）］い道を右にまがる。

②「書く」のはんたいは、「読む」ですね。

③ にんじんを［三角形（さんかくけい）］にきる。

④ □（ちち）のつとめのかわりをする。

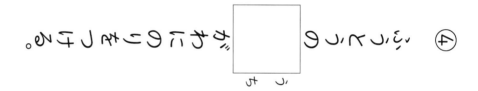

⑤ ［黒（こく）］板（ばん）に当番の名前を書く。

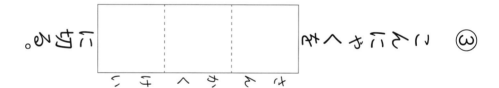

⑥ 父は毎朝［新聞（しんぶん）］を読む。

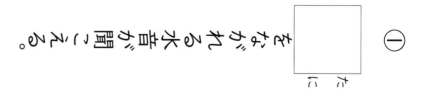

⑦ ［少（すく）］ない人数でグループにする。

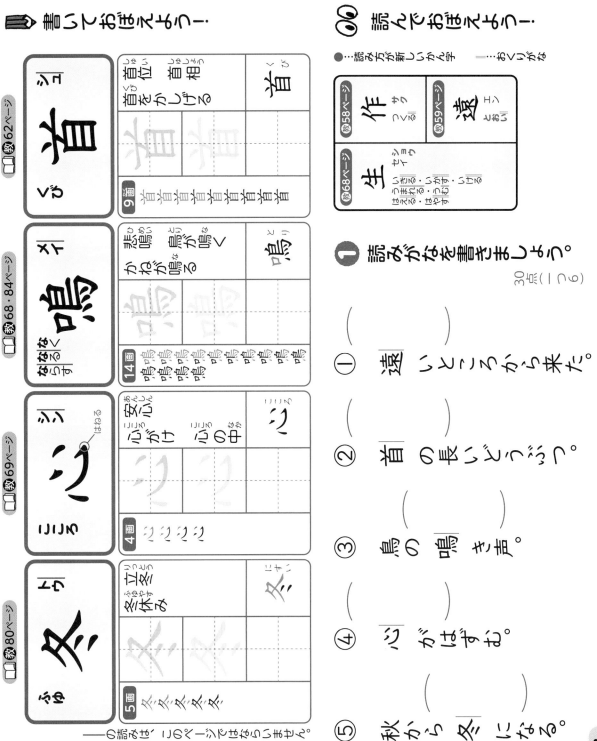

時間 15分
ごうかく80点 /100
答え 104ページ
月 日
サクッと こたえ あわせ

書いておぼえよう!

| 教62ページ | 首 コ くび | 首く首位 首相 | 首を かしげる | 首い 9画 首首首首首首首首首 |

| 教68・84ページ | 鳴 メイ なく・なる・ならす | 悲しく 鳴く 鳥が 鳴る 鳴く | 鳴り 14画 鳴鳴鳴鳴鳴鳴鳴鳴鳴鳴鳴鳴鳴鳴 |

| 教69ページ | 込 こむ はねる | 安心 心がけ 心の中 | 心 4画 心心心心 |

| 教80ページ | 冬 トウ ふゆ | 立冬 冬休み | 冬に 5画 冬冬冬冬冬 |

——の読みは、しのページではならいません。

読んでおぼえよう!

●…読み方が新しいかん字 　＝…おくりがな

教58ページ	作 サク つくる
教59ページ	遠 エン とおい
教68ページ	生 セイ ショウ いきる・いかす・いける・うまれる・うむ・おう・はえる・はやす・き・なま

❶ 読みがなを書きましょう。

30点(1つ6)

① （　　　）遠 いところから来た。

② 首 の長いどうぶつ。（　　　）

③ 鳥の 鳴 き声。（　　　）

④ 込 がはずむ。（　　　）

⑤ 秋から 冬 になる。（　　　）

↓うらのページにつづく→

83

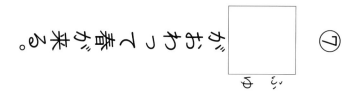

⑦ □があけて春が来る。（ふゆ）

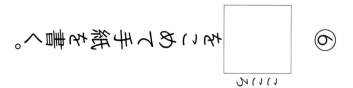

⑥ □□をこめて手紙を書く。（こころ）

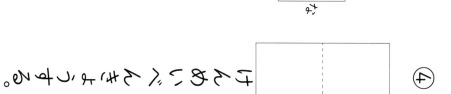
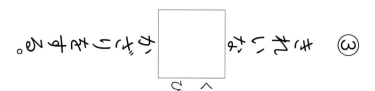

⑤ 犬の□き声が聞こえる。（な）

④ □□□□けんこうにきをつける。

③ きれいな□がりになる。

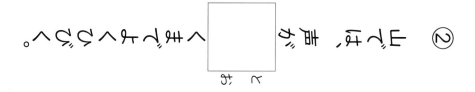

⑤の「なく」は、鳥や虫は「鳴」、人は「泣」をつかうよ。あわせておぼえてね。

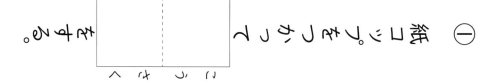

② 山では、□き声が大きくひびく。（お）

① 紙コップを□□□□てつかって、□□する。

② 当てはまるかん字を書きましょう。

九月から十一月にならった かん字

時間 20分　ごうかく80点　/100　答え 104ページ　月　日

① かん字の読みがなを書きましょう。　25点(1つ5)

① かのじょは、わたしの親友（　　　）だ。

② 風車（　　　）を手にもってはしる。

③ りんごをくばるには、少（　　）しだけ、数が少（　　）ない。

④ 一生（　　）の思い出になるできごとだった。

② 当てはまるかん字を書きましょう。〔 〕にはかん字とひらがなを書きましょう。　25点(1つ5)

① 歌うときは、みんなで声を〔あわせる　　　　〕。

② だちょうの[くび]は〔ほそながい　　　〕。

③ ピアノのはっぴょう会で、わたしの[ばん]が来た。

④ この[みち]は家までつづいている。

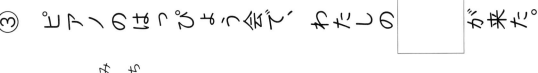

☆4 やじるしのぶぶんは何(なん)画目に書きますか。数字でこたえましょう。

30点(1つ6)

⑤ 友 （　　）画目

④ 米 （　　）画目

③ 作 （　　）画目

② に （　　）画目

① 止 （　　）画目

☆3 なかまのかん字をあつめています。□に当てはまるかん字を書きましょう。

20点(1つ5)

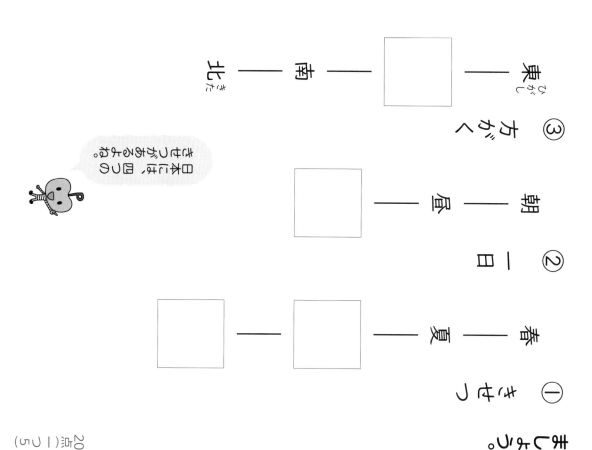

③ 方角(ほうがく)へ
東(ひがし) ── □ ── 南 ── 北(きた)

② 一日
朝 ── 昼 ── □

① きせつ
春 ── 夏 ── □ ── □

日本は、四つのきせつのあるくにですね。

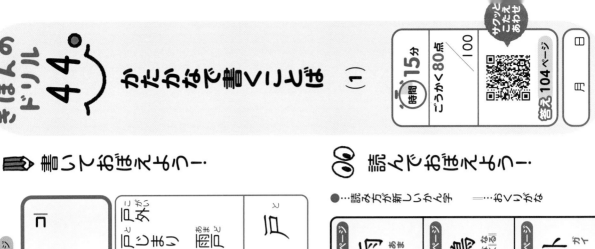

きほんの ドリル 44 かたかなで書くことば (1)

時間 15分　ごうかく80点 /100　答え 104ページ

月　日

✏ 書いておぼえよう。

【教84ページ】
戸　コ　と(ど)
戸と　戸じまり　戸外こがい　雨戸あまど
4画　戸戸戸戸

【教84ページ】
麦　むぎ
麦むぎ　小麦こむぎ　麦茶むぎちゃ　麦畑むぎばたけ
7画　麦麦麦麦麦麦麦

【教84ページ】
茶　チャ
茶ちゃ　番茶ばんちゃ　茶色ちゃいろ　麦茶むぎちゃ
9画　茶茶茶茶茶茶茶茶茶

【教84ページ】
地　ジチ
地ち　土地とち　地面じめん　地下ちか
右上にはねる
6画　地地地地地地

――の読みは、113ページではならいません。

教科書 下84〜85ページ

👁 読んでおぼえよう。

●…読み方が新しいかん字　━━…おくりがな

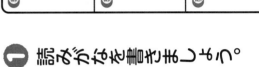

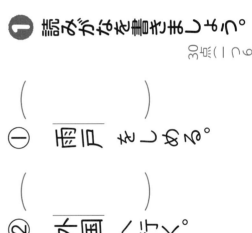

教84ページ 雨 あま/ああめ	教84ページ 鳴 なる/なく/ならす	教84ページ 外 ガイ/そと
教84ページ 行 ギョウ/いく	教84ページ 国 コク/くに	教84ページ 土 ド/つち

1 読みがなを書きましょう。
30点(一つ6)

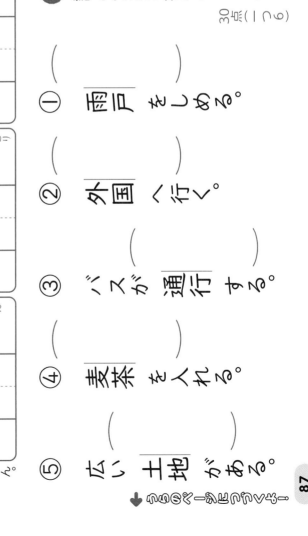

① 雨戸 をしめる。（　　）

② 外国 へ行く。（　　）

③ バスが 通行 する。（　　）

④ 麦茶 を入れる。（　　）

⑤ 広い 土地 がある。（　　）

➡うらのページにつづくよ。

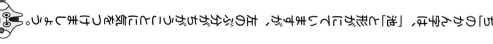

② ①のかん字は、「あい」とつづけて書くと、ぜんぶちがうかん字になりますね。

2 当てはまるかん字を書きましょう。 70点(1つ10)

① 風がびゅうびゅう、□を しめる。

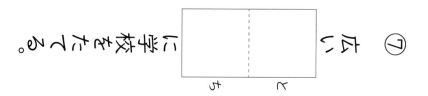

② けんかのチャイムが な る。

③ □い □い □らの図なだがある。

④ この道は、止 □□□ です。

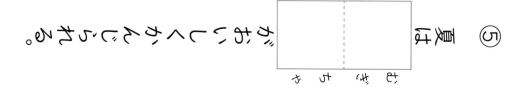

⑤ 夏は □□ がつよくてあつくてたいへんだ。

①の「な(る)」のかん字は、１画目から書きますよ。「１（たいほう）」ですよ。

⑥ せかいには、たくさんの く に がある。

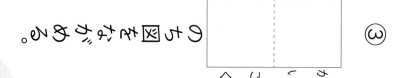

⑦ 広い □□ に学校をたてる。

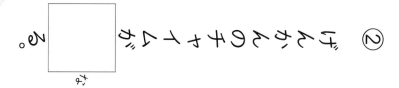

88

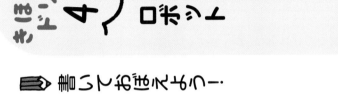

きほんの ドリル 45

かたかなで書くことば（2）
ロボット

時間 15分　ごうかく80点　/100　答え 104ページ

月　日

✏️ 書いておぼえよう！

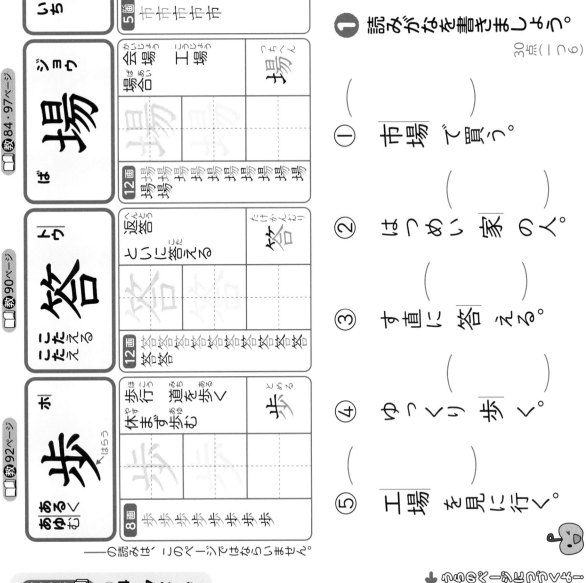

読み	漢字	用例	書き
シ　いち	市 ←はねる	いち場 市場 / 市長 しちょう / 市内 しない	市 は
		5画 市市市市市	
ジョウ　ば	場	場合 ばあい / 会場 かいじょう / 工場 こうじょう	場 ちく
		12画 場場場場場場場場場場場場	
トウ　こたえる	答	返答 へんとう / といに答える	答 だけかない
		12画 答答答答答答答答答答答答	
ホ　あるく　あゆむ	歩 ←はらう	休歩行 / 道を歩く / 歩む	歩 とめる
		8画 歩歩歩歩歩歩歩歩	

―の読みせ、このページではならいません。

👀 読んでおぼえよう！

●…読み方が新しいかん字

| 教84ページ | 家 カ いえ |

---

① 読みがなを書きましょう。

30点(1つ6)

① 市場 で買う。（　）

② はつめい 家 の人。（　）

③ すなおに 答 える。（　）

④ ゆっくり 歩 く。（　）

⑤ 工場 を見に行く。（　）

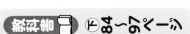

教科書 下84〜97ページ

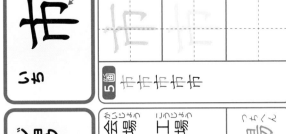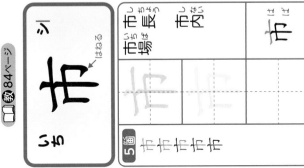

89

③・④の□には、「答える」か「答え」のどちらかが入ります。文を読んでどちらがよいかを考えましょう。

⑦ 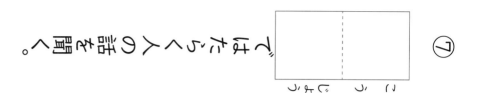 ではたらく人の話を聞く。

⑥ 前を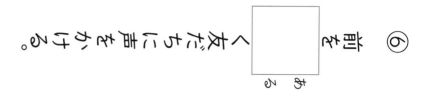（あ る）友だちに声をかける。

⑤ 学校のまわりを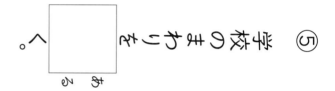（あ る）。

④ 用紙に（こ た え）を書く。

③ 先生のこどもに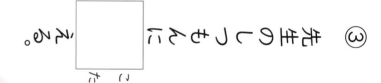（こ た え る）。

③①の「つ」「こ」「うつ」の
部分は漢字だね。

② かれは、べんきょう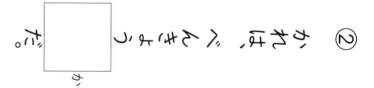（か）だ。

① 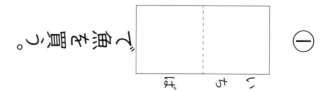 で魚を買う。
（い ち ば）

2 当てはまるかん字を書きましょう。

✍ 書いておぼえよう!

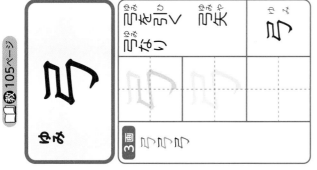

□教104ページ 才 サイ（はねる）
天才 てんさい
才能 さいのう
才で
3画 才 才

□教104ページ 門 モン（はねる）
校門 こうもん
門番 もんばん
門もん
8画 門 門 門 門 門 門 門 門

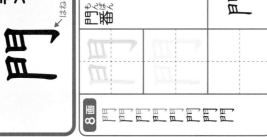
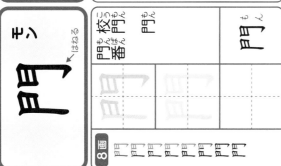
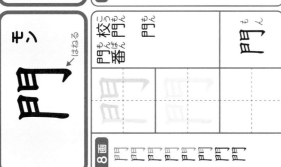

□教105ページ 弓 ゆみ
弓なり ゆみなり
弓を引く ゆみをひく
弓矢 ゆみや
弓 ゆみ
3画 弓 弓 弓

😊 読んでおぼえよう!

●…読み方が新しいかん字　＝…おくりがな

教104ページ 合 ガッ
あう・あわす・あわせる

① 読みがなを書きましょう。
30点(1つ5)

① ピアノの 天才。 （　　　）
② 天才 とよばれる人。 （　　　）
③ 合体 させる。 （　　　）
④ 大きな 門。 （　　　）
⑤ 家の 門 をしめる。 （　　　）
⑥ 弓 を引く。 （　　　）

↓うらのページにつづくよ

①・②のかなは、かたかなの「ネ」「レ」などに、二画目をながくつきはらって書きます。

② 当てはまるかん字を書きましょう。 70点（1つ10）

① かれは、サッカーの□□だ。

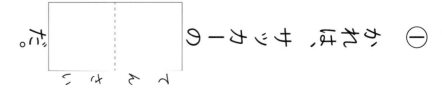

② エジソンは、はつめいの□□といわれた。

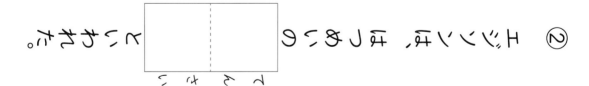

③ 文字を□□かん字を作る。

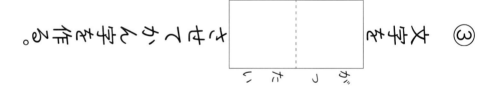

④ □□の人に道をたずねる。

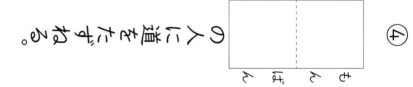

⑤ □□の前で会う。

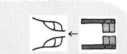

④・⑤の「ん」のかなは、もじのかたちに気をつけよう。

⑥ むかしの、□□はなし。

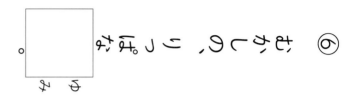

⑦ □□の名人になる。

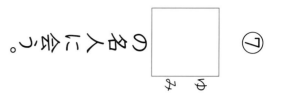

時間 15分　ごうかく80点　/100　答え104ページ
月　日

✏️ 書いておぼえよう！

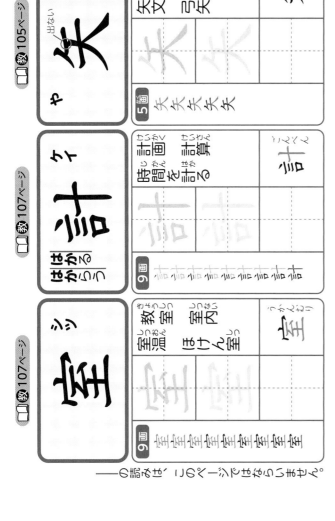

教105ページ
や
矢
5画 矢矢矢矢矢

矢いん 矢じるし
弓矢 矢じり
矢文
矢

教107ページ
ケイ
はかる
計
9画 計計計計計計計計計

計画 計算
時間を計る
けいさん
計

教107ページ
シツ
室
9画 室室室室室室室室室

教室 室内
温室
ほけん室
室し
かんり
室

――の読みは、このページではならいません。

① 読みがなを書きましょう。

30点(1つ5)

① (　　) 矢が当たる。

② (　　) 矢じるしにすすむ。

③ (　　) 計算をする。

④ (　　) 計画を立てる。

⑤ (　　) 教室に入る。

⑥ (　　) ほけん室に行く。

「矢」の四画目は、
つきを出さないように
気をつけましょう。
「失」というちがう
かん字になって
しまいます。

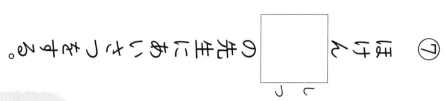

⑦・⑥・③・②・①の「す」「さ」「そ」などは、おくりがなにちゅういしよう。

② 当てはまるかん字を書きましょう。

70点
（1つ10）

① 遠くまで □（か）を とばす。

② □（か）じるしに したがって すすむ。

③ 大きな □（ゆ・み・や）を 作る。

④ 姉に □（け・い・さ・ん）を 教えてもらう。

⑤ □（け・い・さ・ん）を もうふに きいとに組む。

⑥ □（き・し・ゃ）に 花を かざる。

⑦ ほけ □（ん）の先生に おせわになる。

⑥・⑦の「しゃ」「ん」は、四角のわくからはみでないようにつけよう。

94

スーホの白い馬 (1)

✍ 書いておぼえよう！

□ 教111・118ページ
バ　馬（うま）　10画
子馬　白い馬　馬車　馬
馬馬馬馬馬馬馬馬馬馬

□ 教112ページ
ホク　北（きた）　5画
東西南北　北風　北の方　北
北北北北北

□ 教112ページ
ギュウ　牛（うし）　4画
牛肉　牛や馬　子牛　牛
牛牛牛牛

――の読みは、このページではならいません

「牛」は「牛」と字の形がにているので気をつけよう。「牛」の上はつき出すよ。

👀 読んでおぼえよう！

●…読み方が新しいかん字　＝…おくりがな

教111ページ 草（くさ）ソウ	教111ページ 原（はら）ゲン	教111ページ 少（すくない／すこし）ショウ
教113ページ 頭（あたま）トウ	教115ページ 食（たべる／くう）ショク	教117ページ 兄（あに）キョウ
教117ページ 弟（おとうと）ダイ		

1 読みがなを書きましょう。
20点(1つ5)

① 馬 にのる。（　）

② 少年 のお話。（　）

③ 北 の方にむかう。（　）

④ 馬 や 牛 をかう。（　）

→うらのページにつづくよ

95

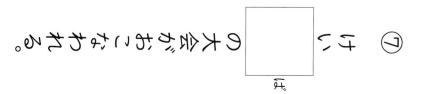

② 当てはまるかん字を書きましょう。

① 見わたすかぎりの □。（そ・げ・ん）

② 日本の □ の方は、雪が多い。（き・た）

③ □ のかんきょうをたいせつにする。（し・ぜ）

④ 二 □ の □ がおかれている。（と・し）（こ・ま）

⑤ 鳥がまに □ にわすれそうになる。（へ）

⑥ □ で、なんとよくあぶ。（ほ・う・た・い）

⑦ けい □ の大会がおこなわれる。（は）

②の「きた」に「北」を使うように気をつけましょう。

スーホの白い馬
楽しかったよ、二年生 (2)

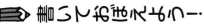
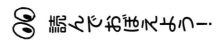

時間 15ふん
ごうかく80点 /100
答え 104ページ

月 日

書いておぼえよう!

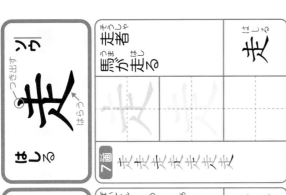
教119ページ
走 はしる
7画

走者
馬が走る
走り 走

教120ページ
売 うる うれる
7画

本を売る店
本が売れる
売り上げ 売

教124ページ
弱 ジャク よわい よわる よわまる よわめる
10画

体が弱る
弱点
弱い糸 弱

教133ページ
強 キョウ ゴウ つよい つよまる つよめる
11画

風が強まる
強力
強い風 強

読んでおぼえよう!

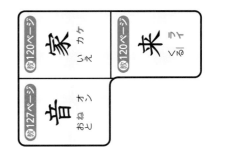

●…読み方が新しいかん字 =…おくりがな

教120ページ 家 カ いえ
教120ページ 来 ライ くる
教127ページ 音 オン ね

① 読みがなを書きましょう。
30点(1つ6)

① 野原を 走 る。（　）

② ひつじを 売 る。（　）

③ りっぱな 家来 。（　）

④ びょう気で 弱 る。（　）

⑤ 力が 強 い。（　）

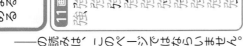
——の読みは、このページではならいません。

↓うらのページにつづくよ→

②「ぬ」「熱い」、④「きょう（今日）」⑥・⑦「にょう」は、それぞれ正しいほうを○でかこいましょう。

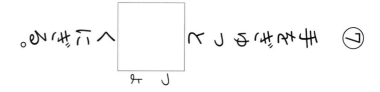

⑦ 手をふって □ ていきます。
し て

⑥ 風が □ へ、ぼうしがとんでいかれる。
し て

⑤ といかけ、ぶんの □ が聞いてくる。
ね

④ かっこいい鳥が □ る。
わ た

③ 王さまが □ をつくらせてくる。
け ら し

② 魚や肉を □ る店に行く。
う

① 車がスピードを出して □ る。
は し

② 正しいほうから合う言葉を書きましょう。

70点（1つ10）

① かん字の読みがなを書きましょう。　25点(1つ5)

（1）弱い雨がふりつづく。

（2）家来が弓矢をもつ。

（3）草原にたくさんの牛がいる。

（4）台風（たいふう）が近づいてきたので、雨戸をしめる。

② 当てはまるかん字を書きましょう。〔 〕にはかん字とひらがなを書きましょう。　20点(1つ5)

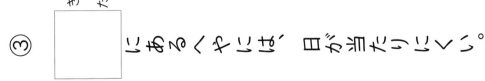

（1）父がおもしろい〔はしり〕方を家ぞくに見せた。

（2）友だちの出したクイズに〔こたえる〕。

（3）きた にあるへやには、日が当たりにくい。

（4）りっぱな もん がまえの家がたっている。

3 ⭐ 同じところにてんてんやまるをつけて、べつのかん字をつくります。□にあてはまるかん字を、_____からえらんでかきましょう。 15点(1つ5)

① 小刂　② あ　③ 糸

‡　　才　　十

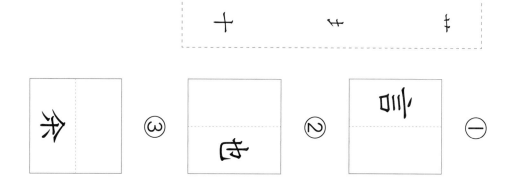

4 ⭐ のばすおんの書きかたの正しいほうに、○をつけましょう。 20点(1つ10)

① あ（　）才ー　　い（　）ー才
② あ（　）‡ーゝ　　い（　）ゝー‡

5 ⭐ □に、はんたいのいみのかん字を書きましょう。 20点(1つ10)

① 弱 →［　　］
② ［　　］← 買

●まちがって いたら
その ままに しないで
かならず やりなおしましょう。

1 かん字のふくしゅう　1～2ページ

1　①げつ（よう）び　②おう　③み　④ゆう
　⑤て　⑥がっこう　⑦はや　⑧おと
2　①雨　②森　③小さい　④花火
　⑤先生　⑥赤い
3　①ひだり　②おおぞら　③たけ
　④あし　⑤はち　⑥みぎ
　⑦ひゃくえんだま　⑧おとこ（の）こ
4　①力　②入る　③五　④千　⑤女
　⑥休む　⑦一本

2 きほんのドリル　3～4ページ

1　①よ　②おんじく　③ゆき　④こえ　⑤い
2　①読　②読　③音読　④音　⑤雪
　⑥声　⑦言

3 きほんのドリル　5～6ページ

1　①い　②みなみ　③みなみ　④としょ
　⑤ちゅう
2　①行　②行　③南　④南　⑤図書
　⑥図書　⑦虫

4 きほんのドリル　7～8ページ

1　①かた　②え　③し　④はる　⑤は
2　①書　②方　③絵　④絵　⑤知
　⑥春　⑦生

5 きほんのドリル　9～10ページ

1　①おも　②おも　③にっき　④にっき
　⑤どようび　⑥ようび
2　①思　②思　③思　④日記　⑤記
　⑥金曜日　⑦曜日

6 きほんのドリル　11～12ページ

1　①おんせい　②にく　③にく　④はな

⑤はな　⑥き
2　①音声　②肉　③肉　④話
　⑤話　⑥話　⑦聞

7 きほんのドリル　13～14ページ

1　①き　②いろ　③きいろ
　④くろ　⑤ふと　⑥ふと
2　①黄色　②色　③黄　④七色
　⑤黒　⑥太　⑦太

8 きほんのドリル　15～16ページ

1　①げ　②け　③たか　④たか　⑤かぜ
　⑥は
2　①毛　②毛糸　③高　④高　⑤風
　⑥風　⑦晴

9 きほんのドリル　17～18ページ

1　①おお　②あたら　③かんが
　④めいじん　⑤かたち
2　①気　②多　③新　④考　⑤一行
　⑥名人　⑦形

10 きほんのドリル　19～20ページ

1　①からだ　②なが　③ほう　④ちか
　⑤おな
2　①体　②体　③長　④方　⑤近
　⑥近　⑦同

11 まとめのドリル　21～22ページ

1　①にちようび・にく　②は　③は
　④ゆき　⑤たか　⑥かたち　⑦おん
　⑧ほう・け
2　①読み　②近い　③新しい　④太い・毛
　⑤春　⑥南　⑦体　⑧長さ・同じ

101

こたえ（答え）

18. きほんのドリル 35〜36ページ

② ①かず ②わ ③て ④かず ⑤まる ⑥会話 ⑦買
⑤点 ④丸 ③数 ②数 ①かず
① ①て ②かる ③て ④かず ⑤まる

17. きほんのドリル 33〜34ページ

② ①つく ②いえ ③いけ ④いけ ⑤いえ ⑥組 ⑦組 後
組
① ①け ②いけ ③いけ ④へ

16. きほんのドリル 31〜32ページ

② ①すた ②こう ③わ ④ひ ⑤ちゅう ⑥光 ⑦光 中 水
教
⑤食 ④食 ③た ②ひ ①おいしい 数
① ①すた ②こう ③た ④おいち ⑤ひ

15. きほんのドリル 29〜30ページ

② ①なか ②ひろ ③まな ④びろ ⑤げんき ⑥足 ⑦前 足 魚
元気
⑤名前 ④広い ③まな ②ひろ ①なかげん 前
① ①なか ②ひろ ③まな ④ひろ

14. きほんのドリル 27〜28ページ

② ①きしゃ ②いもうと ③せん ④みどり ⑤みち ⑥汽車 ⑦汽車 妹 海
緑
⑤緑 ④線 ③みどり ②いもうと ①きしゃ 線
① ①きしゃ ②いもうと ③みどり ④せん

13. きほんのドリル 25〜26ページ

② ①きる ②ちょう ③ない ④まち ⑤みせ ⑥店 ⑦切 店 町内
姉
⑤店 ④内 ③町内 ②みせ ①きる 姉
① ①きる ②ちょう ③まち ④みせ あね

12. きほんのドリル 23〜24ページ

② ①いま ②ない ③かい ④かたな ⑤しゃ ⑥今 ⑦刀 今 会社
⑤会社 ④今 ③な ②いま ①かたな 刀
① ①いま ②かたな ③ない ④しゃ ひ

（左段）

24. きほんのドリル 47〜48ページ
① ①で ②お ③わ ④わ

⭐考え方

⭐④ ①「日記」は「記」を「音読み」で覚えると、「日記」の意味を考えて、言葉のままにあてはめて覚えるようにしましょう。

記 ①あ ②あ（の）内 肉
読 ①あ ③か ④し ⑤よ

⭐③ 組 ①あ ②は・わ ③な ④頭
い・し・つ

⭐② 聞 ①か ②大通り ③え ④新・新しい
せ・と・え・い・ち

⭐① ①ち ②から ③え ④新・せい

23. 夏休みのホームテスト 45〜46ページ

② ①家・食べる ②ねる ③妹 ④おいしい・い ⑤広い ⑥広・数へ ⑦だいどころ ⑧教える

① ①せ ②か・せい ③みな・おなじ ④せい ⑤食べ ⑥広い ⑦切れる ⑧後ろ
汽車 夏 雲 教える 妹

22. まとめのドリル 43〜44ページ

② ①小鳥 ②空 ③頭 ④来 ⑤足
⑥小鳥 ⑦歌 鳥
① ①か ②あた ③へ ④とり ⑤たら

21. きほんのドリル 41〜42ページ

② ①通 ②店長 ③公園 ④万 ⑤円 ⑥一万円 ⑦万 通
① ①とお ②こうえん ③ちょうえん ④まん ⑤ちょう ⑥てんちょう 通

20. きほんのドリル 39〜40ページ

② ①夏 ②引 ③羽 ④雲 ⑤雲 ⑥夏休 ⑦夏休 羽
① ①ひ ②へ ③は ④も ⑤な ⑥つ

⑤はちじっから(はちじゅっから) ⑥まわ
2 ①会 ②出会 ③分 ④分 ⑤分
⑥回 ⑦見回

25 きほんのドリル 49~50ページ
1 ①みなお ②なお ③てがみ
④えんそく ⑤とも
2 ①見直 ②直 ③手紙 ④紙
⑤遠足 ⑥遠足 ⑦友

26 きほんのドリル 51~52ページ
1 ①あさ ②かお ③たいせつ
④まいにち ⑤あ
2 ①朝 ②朝 ③顔 ④顔 ⑤大切
⑥毎日 ⑦当

27 きほんのドリル 53~54ページ
1 ①あいだ ②ひる ③はんぶん
④さんにん ⑤でんわ
2 ①間 ②間 ③昼 ④半分 ⑤半
⑥三人 ⑦電話

28 きほんのドリル 55~56ページ
1 ①にんげん ②あと ③そと ④たの
⑤かぞ ⑥した
2 ①人間 ②後 ③外 ④楽 ⑤数
⑥親 ⑦親

29 きほんのドリル 57~58ページ
1 ①おや ②ちち ③はは ④あに
⑤おとうと
2 ①親 ②親子 ③父 ④母 ⑤母
⑥兄 ⑦弟

30 きほんのドリル 59~60ページ
1 ①ごぜん ②ごご ③よる
④きょうかしょ ⑤こく
2 ①午前 ②午後 ③夜 ④夜
⑤教科書 ⑥国 ⑦国

31 きほんのドリル 61~62ページ
1 ①こうつう ②きんぎょ ③せいかつか

---

④ずこう ⑤しょうがっこう
2 ①体 ②国語 ③算数 ④生活科
⑤音楽 ⑥図工 ⑦工

32 まとめのドリル 63~64ページ
1 ①まいあさ ②あ ③はんぶん
④でわ ⑤たの・えんそく
⑥たいせつ ⑦ちち・はは ⑧こく
2 ①回る ②顔 ③友・親しむ
④昼・間 ⑤見直す ⑥弟 ⑦午前
⑧数える

33 きほんのドリル 65~66ページ
1 ①じぶん ②とも ③じかん
④かえ ⑤なに
2 ①自分 ②時 ③時 ④時間 ⑤帰
⑥何 ⑦何

34 きほんのドリル 67~68ページ
1 ①あ ②あ ③しんゆう ④なんじ
⑤さと ⑥こんしゅう
2 ①合 ②合 ③親友 ④何回 ⑤里
⑥今月 ⑦一週間

35 きほんのドリル 69~70ページ
1 ①とうばん ②ばん ③がようし
④さんかく ⑤しかく
2 ①当番 ②番組 ③画用紙 ④用紙
⑤用 ⑥三角 ⑦四角

36 きほんのドリル 71~72ページ
1 ①こうつう ②こうばん
③かざぐるま(ふうしゃ) ④あか ⑤あか
⑥ほしぞら
2 ①交通 ②交通 ③風車 ④風車
⑤明 ⑥星 ⑦星空

37 きほんのドリル 73~74ページ
1 ①とうきょう ②きんぎょ ③あ
④ふる ⑤てら
2 ①東京 ②京 ③金魚 ④空 ⑤空
⑥古 ⑦寺

光村図書版・小学漢字2年

---

44 きほんのドリル 87〜88ページ

2
①〜②
③外国　④道行　⑤麦茶　⑥国　⑦土地
⑥戸　⑦鳴

1
①ここ　②へや　③こくご　④あまど　⑤やちょう

---

43 冬休みのホームテスト 85〜86ページ

☆1
①すいか　②ゆき　③すず　④へんじ　⑤まる

☆2
①ちょう・すん　②細長い　③首　④番　⑤道

☆3
①秋・わ　②冬　③西　④後

2
①と　②お　③遠　④首　⑤生　⑥工作　⑦心
⑤鳴　冬　心

---

42 きほんのドリル 83〜84ページ

2
①新聞　②細　③三角形　④内　⑤黒　⑥少　⑦谷

1
①すな　②ほそ　③けい　④へん　⑤し　⑥ぶん　しな　がん　ん

---

41 きほんのドリル 81〜82ページ

2
①理科　②秋　③風　④作　⑤作　⑥秋　⑦理科

1
①あき　②き　③へこ　④へこ　⑤り　⑥り　⑦作

---

40 きほんのドリル 79〜80ページ

2
①船　②原　③台　④台　⑤米　⑥船　⑦米

1
①の　②はら　③だい　④ぶね　⑤めい　⑥い　ね

---

39 きほんのドリル 77〜78ページ

2
①止　②明　③夜　④西下山　⑤西　⑥道　⑦野

1
①にし　②あか　③よる　④とし　⑤み　⑥やさ　ます

---

38 きほんのドリル 75〜76ページ

1
（読み）

---

50 学年まつのホームテスト 99〜100ページ

☆1
①あ・い　②よ　③こし

☆2
①あ　②わ　③北　④門

☆3
①ト　②十　③り　④答える

☆4
①あ　②い

☆5
①強　②売

2
①強　②売　③家来　④弱　⑤音　⑥強　⑦走

1
①つよ　②し　③け　④わ　⑤は　⑥よ　⑦よ

---

49 きほんのドリル 97〜98ページ

2
①兄弟　②北　③牛　④頭　⑤食　⑥草原　⑦馬
馬・頭　馬　食し

1
①くさ　②しょう　③うし　④あたま　⑤くう

---

48 きほんのドリル 95〜96ページ

2
①矢　②矢　③弓　④計算　⑤計算　⑥数室　⑦数室
計算　教室

1
①や　②しや　③さん　④け　⑤ちょう　⑥けい　ん

---

47 きほんのドリル 93〜94ページ

2
①天子　②合体　③天才　④門　⑤校門　⑥弓　⑦弓
門番

1
①てん　②ゆみ　③がい　④でん　⑤もん　⑥てん　たい

---

46 きほんのドリル 91〜92ページ

2
①市場　②工家　③答　④答　⑤家　⑥歩　⑦工場
歩

1
①ほ　②か　③ちゃ　④あ　⑤しい　ぶる

---

45 きほんのドリル 89〜90ページ

1
（読み）

A 104